A Paule,

Oser -- Oser -- au risque de
pour un tour du monde
où tu pourras essAimer !
Amicalement, Jacques

OSER DÉCIDER

Le guide du quotidien bonheur

Jacques Dechance

Le Souffle d'Or
BP 3 - Barret-sur-Méouge

Une collection de guides "entraîneur de vie"

1. **Oser décider.** Guide pour construire un quotidien bonheur.

Prochains thèmes :

2. **La clarté relationnelle.** Guide pour une vie excitendre.
3. **Soyez assez fous pour créer !** Guide de l'intelligence créatrice. (Offrez-vous une re-création.)
4. **La merveilleuse sagesse de l'Être.** Guide de l'élan spirituel.
5. **Efficacité et humanisme.** Guide de l'entreprise.
6. **L'entraidement au quotidien.** Guide des rappels à l'essentiel.
7. **Accompagner la vie.** Guide de la croissance et de l'autonomie.
8. **S'impliquer au service du monde.** Guide du "geste" social, citoyen, entreprenarial et humanitaire.
9. **Petites naissances pour une belle mort.** Guide du grand passage vers le mystère.
10. **À VENIR...**

Couverture : Marie Loiseau
Mise en page : A'Prim / Serres (05)
Impression : Lienhart / Aubenas (07)

Dépôt légal septembre 2001
ISBN 2 84058 200 7

Le Souffle d'Or
BP 3 - Barret-sur-Méouge (France)
www.souffledor.fr

SOMMAIRE

PRÉSENTATION

"Être humain, c'est aimer les hommes.
Être sage, c'est les connaître."
Lao Tseu

Voici une exploration au cœur du "quotidien bonheur" qui va mobiliser votre vie sur l'essentiel. Ce qui n'est malheureusement pas enseigné sur les bancs de l'école et des facultés, un "entraîneur de vie" vous invitera à le découvrir.

Cet entraîneur personnel, avec réalisme et chaleur, vous entraînera à vos "prises de chance", à réussir vos choix, à prendre soin de vous et à vous réconcilier avec l'argent, le temps et autres "énergivores".

Au fil de ces différents guides, le bons sens vous orientera vers une vie plus "excitendre" grâce à un relationnel clair et respectueux. Vous découvrirez votre potentiel créateur en réalisant que "**vous n'êtes pas que votre histoire !**" et que vous pouvez enfin vous offrir une véritable re-création.

Comment s'y retrouver, se "trouver" dans cette merveilleuse sagesse de l'être qui nous ouvre à l'élan spirituel ? L'entraîneur de vie vous ouvrira les repères de vos choix dans cette quête si personnelle et si délicate.

Ainsi, ce nouveau guide vous conduira vers de nouvelles questions : Qu'est-ce que la maturité ? Quelles sont les étapes de la croissance et de l'autonomie ? Comment accompagner autrui ?

Tout ceci serait inutile si cela ne s'appliquait et ne s'incarnait au quotidien.

Le guide de "l'entraidement" au quotidien par les rappels à l'essentiel, sera pour vous un outil précieux.

Vous vous confronterez également avec ce monde de l'entreprise où équilibrer vie personnelle et vie professionnelle n'est pas toujours si évident.

L'entraîneur de vie, en coach averti, déclenchera une manière d'agir et surtout d'être plus ajustée.

Le guide du "geste" social, citoyen, entreprenarial et humanitaire" vous invitera à porter votre énergie dans un monde qui en a bien besoin et à vous impliquer dans une œuvre porteuse de sens.

Enfin, vous goûterez à toutes les petites naissances, à cette non-peur de la vie qui ouvrira la porte du beau passage vers le mystère.

Explorateurs de la Vie, jouez à un nouveau jeu : **celui de vos choix, du respect de vous-même et des autres, celui de votre chef-d'œuvre, porteur de sens et d'amour dans le monde.**

Personne ne détient la Vérité.
Chacun en délivre une partie.
Ceci est un simple miroir.
Je t'invite là, lecteur attentif,
à voir briller l'éclat d'un Sens
pour OSER TA VÉRITÉ.

AVANT PROPOS

"Ne crains pas d'avancer lentement,
crains seulement de t'arrêter."
Sagesse chinoise

La vie, quelle aventure !

La vie m'a bousculé. D'une décision à une autre, d'une prise de risque à une autre... j'ai eu la chance d'oser... au risque de... je me suis parfois trompé, j'ai chuté, j'ai souffert ou simplement "fait des bêtises", comme on dit. Et pourtant, je n'ai jamais cessé d'avancer, mû par la force de vie et ses manifestations que je nommerai, avec le recul : **mon entraîneur de vie**.

En face des "échecs", ma capacité à oser m'a appris et confirmé une chose essentielle : je suis toujours vivant ! Le pari était le bon, au final, **je n'ai pas joué aux échecs mais bien à la réussite !** J'entends par là, me sentir profondément heureux, relativement autonome et toujours plus aimant. En termes quasi comptables, il est clair que multiplier les prises de risque, de mieux en mieux maîtrisées, est une opération gagnante sur tous les plans, plutôt que "passer" sa vie à la perdre en se protégeant ou en n'osant pas trancher avec ses empêcheurs d'être ou autres énergivores.

Mon aventure a débuté il y a une trentaine d'années lorsqu'un coma éthylique me fit faire l'expérience salutaire de la "petite mort". J'ai aujourd'hui 47 ans et je me définis comme un **"bien vivant"**. J'ose dire que je suis heureux. Je rencontre bien sûr toujours **les "empêcheurs d'être" mais ma relation avec eux s'est radicalement modifiée.**

Je sais aujourd'hui que le rythme de vie et de mort forment la dynamique du vivant. Si je les oppose, je souffre ! J'ai appris cela, concrètement. Ma liberté et ma responsabilité étaient de naître, puis de construire, voire de créer. Le labyrinthe pour accoucher de son chef-d'œuvre est loin d'être simple et facile, pourtant cela fait jaillir en soi **une certitude intérieure**, une force qui se sait fragile mais qui en fait sa valeur. **Vivre est pour moi une manière d'être là dans la vie, plus lucide, plus serein, plus sensible... plus mûr !**

Le labyrinthe est bientôt devenu un puzzle, j'ai rempli ou accepté mes vides et mes ambiguïtés. J'ai découvert que le plus important, pendant ce rude chemin, était de s'aimer avec ses faiblesses sans jamais les cautionner, de ne pas s'empêcher de les vivre, tout en étant conscient. Et surtout, de continuer à explorer, à oser, à se remettre en cause pour transformer dans le rythme juste ses mémoires, ses habitudes et crispations. J'ai bien entendu cherché à l'extérieur ce que j'avais déjà en moi mais les miroirs sont nécessaires et toutes **les pièces se sont ajustées et reliées** pour que je puisse me sentir une per-sonne (afin que la vie puisse résonner, sonne à travers moi). Les arts martiaux m'ont révélé le mot "**CONFIANCE**", le sport et mon professorat d'éducation physique m'ont fait comprendre le mot "**VITALITÉ**". J'ai compris, alors, que **le vrai sport, c'était la VIE**. J'ai quitté le sport, en gardant des activités physiques de plaisir, pour découvrir le mot "**SANTÉ**". En passant une spécialisation en nutrition, je m'aperçus progressivement à quel point **la tête, les émotions et le corps étaient reliés** et ma vie s'appuya sur le mot "**RELIANCE**". J'ai passé quatre heures par jour pendant cinq ans à "plonger" dans mes cellules par un travail sur **la conscience corporelle**. Naturellement, je me suis mis à étudier **la psychosomatique et la symbolique des pathologies**. Ce qui m'a amené à constater, lors de mes interventions dans le cadre du diplôme universitaire de **psychologie médicale**, des lacunes énormes en ce domaine dans la formation des médecins et en même temps leur ouverture réelle à ce type d'approche.

Au fil du temps, le puzzle continuait à se construire et une analyse junguienne me permit, entre autre, d'accepter un nouveau mot : "**OMBRE**" et de m'amener, dans ma vie de tous les jours, à une "**CLARTÉ RELATIONNELLE**".

Le frottement avec d'autres cultures et des personnes remarquables ont ouvert mon sens de l'émerveillement à la différence et à la beauté profonde de notre planète. Je me sens aujourd'hui citoyen et responsable de ce petit coin de l'univers.

Puis, ce fut la rencontre avec le mot déterminant : "**L'ÊTRE**". Cette découverte m'a ouvert à la transcendance, au plus que "moi".

Ma rencontre avec l'expérience spirituelle des moines du Mont Athos en Grèce et le retournement personnel que j'ai vécu à leur contact m'ont fait toucher... l'indicible !

Les rencontres avec K.G. Dürckheim et la thérapie dans l'esprit de l'école de Todmoos en Forêt Noire sont et resteront un des grands repères de ma vie, sources de valeurs profondes libérantes. Ma quête spirituelle a pris là une autre profondeur.

Les pièces du puzzle s'ajustaient et la quête me dirigeait toujours plus au service des autres, par le biais d'ateliers de développement personnel, puis de séances d'accompagnement thérapeutique.

La vie m'a confronté de plus en plus au réel dans ma vie quotidienne, familiale et professionnelle.

Après avoir traversé des "galères" relationnelles et financières, j'ai trouvé cette paix avec mon prochain qui me met en joie d'exister. Après avoir vécu dans l'aisance financière quelques années, j'ai compris la limite de l'enrichissement matériel qui aspirait trop mon "être". J'ai alors simplifié ma vie et avec mon épouse, nous avons retrouvé ensemble la disponibilité et l'aimance qui nous permettent de mieux donner aux autres.

Le monde de l'entreprise m'a permis de jouer un rôle d'éveilleur que je ne soupçonnais pas. Des centaines de personnes, volontaires ou non, ont été sensibilisées, parfois formées, à ce que vous trouverez dans cette collection de guides.

Les mots "**REDONNER et INCARNER**" ont pris alors du sens. Si la vie est un mouvement qui circule en permanence, **les enseignements eux aussi doivent circuler et prendre corps !** Pour les années à venir, le mot "**CRÉER**" s'impose à moi.

La création est ce qui exprime notre liberté.

En effet, nous découvrirons ensemble à quel point nous sommes "**LIBRES et CRÉATEURS**". C'est en même temps notre drame car nous n'avons aucun mode d'emploi... ou peut-être trop de méthodes !

Tous les mots du puzzle sont aujourd'hui chargés de vécu et toute ma pédagogie depuis plus de vingt ans a été fondée sur : "comment incarner chaque mot clé, comment l'incorporer et devenir le Sens". Je n'aurais pu imaginer pouvoir vivre ce chemin si merveilleux qui m'a été "proposé" ou osé penser un instant aux grandes rencontres qui ont été décisives dans mon parcours ! Comment ai-je décidé telle ou telle prise de risque qui m'a complètement réorienté ? Comment ai-je pu rompre, partir pour mieux me relier à ce dont j'étais porteur ?

Et pourtant, grâce à mon "**ENTRAÎNEUR DE VIE**", j'ai réalisé ma part de création consciente et inconsciente dans ce puzzle. Si j'ai résolument opté dans cet avant-propos avec vous, cher lecteur (trice), de relater plutôt mes petites "naissances" que mes traumatismes, c'est bien pour donner le ton de ce guide : nous sommes pétri(e)s de ressources, de rêves qui peuvent nous faire naître en permanence à ce que nous pouvons être.

Nous avons tous une voie intérieure, un bon sens inscrit. C'est notre responsabilité humaine de dévoiler cette vérité intérieure avec humilité et détermination.

Cette collection se présente comme un "entraîneur de vie", à la différence de la présence d'un thérapeute qui sera de toute façon nécessaire si vous êtes dans une situation qui demande une aide extérieure. Cette collection vous permettra d'y voir plus clair dans la façon de structurer chaque thème de vie abordé et ainsi de faire les bons choix. Elle pourra être complémentaire à un accompagnement thérapeutique : elle vous stimulera sans cesse pour oser, pour décider, pour agir ou... parfois être capable de "laisser être", de renoncer. **Vous serez sans cesse confronté à votre capacité de création et vous cesserez de subir ou de "passer" votre vie**. Vous développerez des manières d'être qui vous transformeront en "**Bien – vivant**" et serez ainsi à votre vraie place en ce monde.

Laissons-nous accompagner par le vieil adage : ***"Aide-toi... le ciel t'aidera !"***

PAROLES...

... de Michel Tranchant

Pianiste, chef de chœur, chef d'orchestre

Consultons le dictionnaire, afin de préciser deux mots : accompagner et orchestrer. Que lit-on ?

Accompagner : 1. Aller quelque part avec quelqu'un. 2. Mettre en place des mesures visant à atténuer les effets négatifs de quelque chose. 3. Soutenir par un accompagnement musical.

À noter qu'accompagner vient après accommoder et avant accord. Vaste programme !

Orchestrer : 1. Procéder à l'orchestration. 2. (figuré) Organiser de manière à donner le maximum d'ampleur et de retentissement.

J'ai cru utile de repréciser ces définitions, qui sont mon quotidien d'artiste musicien, parce qu'il m'apparaît qu'elles s'appliquent aussi parfaitement au "quotidien" de Jacques Dechance.

Tel un chef d'orchestre qui doit en permanence veiller à faire les bons choix de sonorités, d'équilibres, de rythme, de tempo, de façon à donner à entendre le maximum de la partition musicale qu'il dirige, Jacques Dechance nous propose à travers cet ouvrage d'orchestrer notre vie afin de lui donner toute sa plénitude rayonnante.

Que ce livre devienne votre accompagnateur quotidien... votre entraîneur de vie.

Michel Tranchant

Il enseigne l'accompagnement au piano et la direction de chœur au Conservatoire National Supérieur de Musique et de Danse de Lyon.

... du Docteur Olivier Soulier

Homéopathe, spécialiste du décodage psychobiologique des maladies

Changer, grandir, lâcher prise, se réaliser pleinement !

Qui n'en a pas rêvé ? Mais du désir à l'acte, que de difficultés ! Avez-vous déjà vu un animal guidé par la sûreté de son instinct, se réalisant dans la justesse de son acte ? Comment y arriver ?

La vie est beaucoup plus complexe que nous le montrent les livres mais elle est aussi beaucoup plus simple que nous le pensons.

Cette simplicité tient à la compréhension globale de l'être :

- Physique : diététique, harmonie du rythme de vie, attention au corps.

- Psychologique : harmonie des pensées et des actes.

- Symbolique : équilibre et renouvellement des croyances.

Nos maux et nos maladies sont nos meilleurs guides, nos plus fidèles alliés. Ils nous confrontent avec la justesse de notre être. Ils se manifestent si nous ne gérons pas bien notre équilibre quotidien ou si nous n'emmenons pas notre véhicule dans la bonne direction.

Comment prendre de l'autonomie par exemple si l'on ne prend pas de distance par rapport aux sucreries et au lait ? Notre organisme se charge alors de nous le faire comprendre par de nombreux maux qui deviendront de vraies maladies, si nous ne voulons pas les entendre.

La question est d'importance : Comment faire mes choix ? Décider ?... puis Oser ! Persévérer dans la discipline ou tout changer.

Un subtil équilibre entre la discipline personnelle et l'inspiration qui nous relie à notre créativité. C'est tout l'art de l'équilibre entre la persévérance et la rupture. Discipline subtile mais ô combien essentielle !

Ce livre peut être votre compagnon et votre guide concret sur ce chemin essentiel. Il a la rare qualité de vous permettre d'aborder votre route en intégrant les différents plans de votre être. Alors bonne route. Voilà votre entraîneur de vie.

Olivier Soulier

Intervenant dans de nombreux stages ouverts au public.

Chapitre 1.

"Confrontée à la nécessité de changer de point de vue, la majorité d'entre nous préfère prouver que c'est inutile."
J. K. Galbraith

LE CHANGEMENT : Vous n'êtes pas que votre histoire

Nous sommes à l'aube d'une révolution intérieure.

Nos scientifiques nous expliquent aujourd'hui que **nos neurones peuvent "renaître"**, que plus nous vieillissons, plus le nombre de connexions dans notre tête peut se multiplier. Nous serions équipés pour fabriquer du neuf, pour créer de nouvelles voies en permanence. Des chercheurs, tel que le professeur J. Epelbaum, directeur de recherche à l'Inserm et secrétaire de la Société des neurosciences*, rappellent qu'aujourd'hui la connaissance du cerveau interpelle de nombreuses disciplines comme la biologie moléculaire, l'imagerie médicale, les sciences cognitives ou co-génétiques. C'est au début du 20e siècle que les travaux ont vraiment démarré et seulement dans les années 1930 que sera découvert le réseau électrique qui anime le cerveau. Il faudra attendre les années 1970 avec les techni-

** Fédération pour la recherche sur le cerveau, BP 45, 75721 Paris cedex 15.*

ques d'imagerie médicale pour observer le cerveau en direct. On sait à ce jour, nous explique le Professeur Epelbaum, que des milliards de neurones tissent entre eux un réseau extrêmement complexe.

Chaque réseau peut établir de 10.000 à 100.000 connexions avec un autre. Ce sont donc des milliers de milliards de connexions qui se modifient tout au long de la vie. Cette plasticité nous permet d'évoluer en permanence avec un potentiel qui dépasse de beaucoup notre durée de vie physique. Dernièrement, les chercheurs ont battu en brèche le dogme qui voulait que les neurones ne se divisent pas, contrairement aux autres cellules. On a longtemps pensé que les neurones apparaissaient au cours du développement embryonnaire pour se multiplier jusqu'à l'adolescence, voire un peu au-delà, mais qu'après c'était terminé, chacun disposant alors, une bonne fois pour toutes, de son capital de neurones. Mais en 1999, des chercheurs montrent qu'il n'en est rien, et que certaines cellules du cerveau adulte sont toujours capables de se diviser et de se développer.

Voilà le début visible d'une révolution intérieure : l'art de créer du neuf face aux ancrages du passé. En fonction de l'orientation de notre attention, du mouvement de notre conscience, nous pouvons nous arrêter... ou créer.

Acte lucide et ô combien courageux ! Changer, c'est se connecter sur la toile neuronale pour explorer de nouveaux chemins. Ceci est concrètement inscrit en nous mais il nous faut pour cela abandonner nos empêcheurs d'être.

Choisir, c'est renoncer, premier acte de lâcher-prise et de courage.

Comme le disait mon entraîneur de vie :

"À quoi es-tu prêt à renoncer pour te redresser ?"

Alors surgissent vos bien connus : "*Mais je suis fais comme ça ! Je ne peux pas comme ça par magie balayer mes traumatismes ! C'est pas à mon âge que je vais changer quoi que ce soit ! Mon grand-père était déjà comme ça, c'est génétique !...*"

Et pourtant, mauvaises réponses ! Car voici la dernière nouvelle du 12 février 2001 annoncée par tous nos grands quotidiens : "**le génome humain est décrypté, on ne peut plus compter sur la génétique pour expliquer l'homme"**. Au-delà de ce titre un peu provocateur, les premières découvertes sont parlantes.

Nous apprenons de ce fait que "**les variations sont individuelles, aussi nombreuses au sein d'un même pays qu'entre personnes de couleurs de peaux différentes**". La base génétique des races s'effondre... une ancre est levée.

Nos gènes contiennent la signature d'une expansion sortie d'Afrique, voici environ 150.000 ans. Cette structure génétique a été transmise par nos ancêtres et c'est par elle que nous sommes liés à tous les autres êtres vivants sur terre.

Nous aurions presque cinq fois moins de gênes que ne le prédisaient les généticiens de l'évolution des années 1990. On nous avait bien sûr élevés au sommet de l'échelle en pronostiquant quelques 100.000 gènes et ceci jusqu'en avril 2000. Nous en sommes aujourd'hui réduits à l'humilité de quelque 26.000 gènes nous rendant proches des mouches du vinaigre, des levures et autres vers de terre. **Nous sommes en "mémoire" et en proxi-**

mité avec le reste de la nature. C'est un coup terrible porté à l'idée de l'individualité de l'espèce humaine. C'est comme si se confirmait petit à petit le lien fondamental qui unit tout le vivant. La "reliance" existe !

Svante Pääbo, de l'institut Max Planck d'anthropologie évolutive de Leipzig, affirme que :

"Nous avons une tendance fâcheuse à rechercher dans nos gènes la plus grande partie de ce qui est notre "humanité" et à oublier que le génome est seulement ***un "échafaudage" interne essentiel à notre existence, mais non suffisant pour en expliquer l'intégralité.*** *Nous ne devons pas oublier que notre passé génétique n'est qu'un aspect de notre histoire et qu'il existe de nombreux autres aspects dont certains sont nettement plus pertinents que l'aspect génétique."*

Réalisons profondément ceci avec l'entraîneur de vie :

Tu n'es pas que tes malheurs.
Tu n'es pas que ton problème.
Tu n'es pas que ton histoire.
Tu es le Vivant.
Tu es co-créateur de ton évolution.
Appuie-toi sur ton "échafaudage".
Sens ton appartenance au VIVANT.
Renonce à en rester là
car tu n'es pas que tes malheurs
Tu n'es pas que ton histoire.
Crée ce que tu "PEUT ÊTRE".

CHANGER ET RÉUSSIR : REDEVENONS HUMAINS !

"Bon d'accord, je sais maintenant que je ne suis pas que mon passé, que j'ai des capacités concrètes de renouvellement en moi et que cela n'attend que mon bon vouloir !... Mais je ne sais pas si j'ai envie d'évoluer ? Après tout, je ne suis pas si mal que ça !"

Soyons clairs : il est tout à fait légitime de ne pas vouloir changer. Je dirai même que l'on peut très bien mourir "comme on est..." mais autant mourir bien vivant !

Évoluer, ça ne se décrète pas, c'est votre liberté et tout ceci n'est qu'une invitation :

"Tant que tu ne sens pas le besoin d'évoluer, permets-toi de prendre soin de ce que TU ES.
Si tu sens le besoin d'évoluer, permets-toi d'OSER."

Imaginez pendant la lecture de ce guide que vous avez été invité "par hasard" à manger chez des personnes que vous connaissez peu.

Quelque chose en vous dit : *"Ma foi, pourquoi pas rester simplement ouvert et curieux ?"*. Si vous avez déjà ces deux qualités, nous allons certainement nous "entendre".

Cela me permet d'ailleurs d'aborder une question sur laquelle certains spécialistes tels que Daniel Goleman* ou Robert R. Kelley* ont largement

---

** Daniel Goleman, "L'intelligence émotionnelle" (Robert Laffont 1997) et Robert R.Kelley, "How to be a star at work".*

débattu : **Quels sont les critères qui sous-tendent la réussite professionnelle et personnelle ? Qu'est-ce que c'est réussir sa vie ?**

Le résultat est tellement évident !

Plus un individu est "bien dans sa peau", ouvert, curieux, adaptable, relationnel, structuré, sensible, etc., plus il développera cette "**intelligence émotionnelle**", plus ses chances de réussir sa vie seront grandes. Rien à voir avec l'accumulation du savoir et des diplômes qui permettent la compétence mais pas forcément la réussite. Au moindre "coup dur", le savoir ne se suffit plus à lui-même, comme il ne résistera pas toujours au jeu des relations humaines. **Les personnes à la fois heureuses et à leur place professionnellement, engagées dans des projets porteurs, ont développé (volontairement ou non) des qualités d'être et traversent mieux les obstacles**. Ces qualités attirent en outre la sympathie et ouvrent les portes de la réussite.

Sur le plan professionnel, cela va simplement se traduire, comme le démontre Robert R. Kelley, par **le sens de l'initiative, une bonne gestion des pressions, un excellent esprit d'équipe, la capacité à apprendre, à se mettre à la place de l'autre et à gérer les jeux d'influence.**

Tout ceci est en chacun de nous, mais certaines connexions ne sont pas encore activées. Réussir, c'est réactiver ou activer ces connexions à la vie.

Entraîneur de vie :

"Si tu veux réussir ta vie,
Retrouve en priorité des qualités humaines.
La clé ? Redeviens humain, redeviens Vivant,
Tu ne manqueras pas de trouver les solutions."

LE CHOIX "D'ENFER" ET LA VOIE PARADOXALE

Certaines personnes subissent leur vie, d'autres se sentent prisonnières des répétitions et des échecs.

Les peurs nous guident parfois, créant le cycle des problèmes à résoudre. Fondamentalement, notre énergie sert autant à créer du neuf qu'à dissoudre de l'ancien. Les éléments perçus comme négatifs de notre vie ne sont qu'une facette d'un mouvement créatif. Pour exemple l'idéogramme chinois du mot CRISE : le cerveau de l'Oriental déchiffre exactement en même temps "problème" et "opportunité". Cette autre relation au monde, nous pouvons l'acquérir. Cette voie du paradoxe est extrêmement libérante et nous aide personnellement chaque jour. Nous sommes structurés (conditionnés) sur le choix : il s'agit de voter à droite ou à gauche, de choisir à tout prix entre le bien et le mal, etc. Tout ceci amène bien sûr le jeu de la comparaison, du jugement et de la culpabilité. **Le réflexe paradoxal aide à sortir du conflit**, non pas pour le fuir, mais pour adopter une nouvelle position. Un de mes amis, appelons-le Jean, était enfermé dans ce dilemme : rester célibataire ou se marier selon le désir de sa compagne. Après s'être débattu quelques mois, Jean décida de prendre de la distance et fit un travail de lâcher-prise : "*Petit à petit, je lâchai la tension que j'avais moi-même créée. Célibat ? Mariage ? Était-ce vraiment là que je devais placer mon énergie ? Je commençai à percevoir vaguement qu'autre chose voulait surgir. En me décrispant de mes comparaisons, de mes jugements, une troisième chose prenait place : mon amour pour cette personne !*".

Dans l'attitude paradoxale, Jean laissa **la place au grand troisième**. À son retour, notre ami retrouva sa bien-aimée avec un nouveau regard qui permit à sa compagne de lâcher-prise à son tour. Elle ne lui imposa plus le mariage. Ils finirent, alors... par se marier !

Entraîneur de vie *:*

"Retiens cette première attitude salutaire :

1. Cultive le réflexe de distanciation (partir, se retirer, s'asseoir...).

2. Laisse tes "opposés" travailler sans ton soutien. Vois profondément le paradoxe et non pas la contradiction.

3. Détends-toi et place-toi à l'écoute de ce qui veut surgir, de l'inconnu.

4. Laisse ton attitude se modifier d'elle-même, se recentrer sur l'essentiel. Lâche tes comparaisons, jugements. Vois profondément tes conditionnements et ta résistance au changement.

5. Soit une nouvelle proposition apparaîtra, soit c'est ton attitude qui aura changé par rapport au conflit..., soit il n'y avait pas de vrai conflit !

Cette dynamique est très puissante, attention ça risque de marcher !"

Le porteur d'un problème est le porteur de sa solution. Sors de la contradiction, va au paradoxe et positionne-toi clairement !

OSER VISITER SON OPPOSÉ

Nous avons une curieuse tendance à caresser notre ego dans le sens de ses certitudes. Le choix de mes lieux de transformation et des personnes qui vont m'accompagner vient souvent renforcer des mouvements inconscients qui évitent de voir en face ce qui bousculerait vraiment. Le confort personnel nous fait demeurer dans les tendances, les milieux "connus". Oser visiter son opposé, c'est parfois se frotter, avec une grande ouverture, à des espaces qui me dérangent, m'énervent, me paraissent vraiment irréalistes, "d'un autre monde" ou au contraire trop exigeants et rationnels.

J'ai rencontré dans le milieu des affaires des individus qui avaient manifestement perdu leur "bon sens", leur entraîneur de vie. La mécanique egocentrée est terrible à observer, on parle même de laisser "ses états d'âme" au vestiaire, avant d'aborder les choses importantes ! **Et pourtant, lorsque ces businessmen (= homme préoccupé) et j'en ai connu, retournent leurs cuirasses, toute cette énergie peut, alors, faire des miracles.** Témoigner de valeurs fortes, avec les armes aiguisées par la confrontation au monde, permet de faire bouger des "mammouths". À l'inverse, j'ai été pendant deux ans Président du Collège International des Thérapeutes où j'ai rencontré, ainsi que dans le monde du développement personnel ou spirituel, des comportements tout autres. J'ai trouvé là des personnes merveilleuses, adorables, intéressantes, mais un grand nombre d'entre elles se sentaient en "**déficit de réalisation**" et non pas en "**désir de réalisation**". J'ai observé notamment une grande difficulté à mettre en œuvre, à investir, à structurer.

Les utopies, les rêves étaient bien là, les enseignements autour des valeurs également, mais tout ceci était freiné par les résistances à être clair avec l'argent, à incarner et passer dans le concret les enseignements. Le sens de ces derniers est certes dérangeant et peut nous indiquer le chemin. Ils ne s'adressent pas forcément à la bonne cible (combien de groupes d'enseignements spirituels tournent-ils ainsi en vase clos ?) et permettent encore trop de maintenir l'ego dans son confort, mais voyons ceci comme des détours du chemin. Ce fut pourtant une très belle expérience qui me demande aujourd'hui d'intégrer ce paradoxe de l'action et du laisser être dans ma vie. Je vous invite également à construire votre ego sans en être dupe, c'est une partie de vous-même qui peut vous faire les pires et les meilleures choses du monde. J'expliquai dans mon premier ouvrage* qu'il n'y a que l'épaisseur d'un fil entre une "Mère Thérésa" et un "Hitler". **Cette puissance personnelle légitime peut guérir ou détruire**. À l'intérieur d'une même personne également ; prenez l'exemple de Gandhi, associant valeur et action pour le grand bien de tous... sauf de sa famille où certains de ses comportements furent intolérables, selon les dires de ses enfants. D'autre part, j'ai toujours rêvé de voir "nos grands maîtres à penser", philosophes, spiritualistes et autres spécialistes de l'humain, confrontés au rythme réel du monde, du travail, d'une famille recomposée, d'une violence urbaine ou au désespoir d'un fils adolescent en souffrance.

Faites confiance à vos expériences, à vos découvertes, il n'y a pas de plus ou de moins dans l'humain, chaque facette de nous-même,

---

* *Le développement personnel. Pourquoi ? Comment ?* Le Souffle d'Or.

chaque différence dans le monde, est une source d'inspiration et de réalisation Retrouver l'unité, c'est intégrer ses opposés. Nous cherchons tous à être "bien vivants" !

Nous sommes simplement plus ou moins maladroits et le discernement ne se construit qu'au fil du chemin. **Rappelons cependant une chose essentielle : il nous faut un axe, un aimant qui attire instinctivement, ce qui sera bon pour nous (même si c'est inconfortable !). Ce gouvernail de la vie, ce sont nos valeurs profondes**. Je vous invite maintenant à démarrer dans le "**BON SENS"** avec une orientation de notre entraîneur de vie :

N'hésite pas à visiter les opposés.
Dans chaque proposition que la Vie
te fera, garderas-tu ton autonomie ?
Seras-tu encore plus respectueux
et vivras-tu plus joyeux ?
Ces valeurs/repères peuvent te guider dans tes
choix. Elles sont les racines de ta croissance.
Si elles grandissent,
tu seras sans doute aussitôt plus aimant !

Dans chaque décision que vous pourrez envisager au cours des chapitres suivants, demandez-vous vraiment si vous vous rapprochez, chaque fois un peu plus, d'au moins deux de ces valeurs. Bien sûr, ceci est une point de départ, à vous d'approfondir vos propres valeurs.

"QUI" FAIT LES BONS CHOIX EN MOI ?

La P.N.L. (Programmation neuro-linguistique) a très bien synthétisé un certain nombre d'éléments disparates de la connaissance de soi et nous montre à quel point nous sommes conditionnés avant de prendre conscience à quel point nous sommes libres.

Notre façon de voir les choses aujourd'hui, s'est petit à petit construite, non seulement à partir de **notre mémoire génétique, culturelle et familiale** mais aussi par un processus de **sélection** (ce qui est utile ou pas, agréable ou non), de **déformation** (filtres divers et prise de liberté avec les faits) et de **généralisation** de ces expériences. Nous en avons tiré des **conclusions**, des **représentations mentales** et des **croyances** que nous avons "frottées" à la vie. Ceci a forgé notre **vision du monde**, notre "utopie" et nos **valeurs**. Ces valeurs porteuses sont à la source de ce que nous croyons être notre **mission** dans la vie (ou croire que notre mission, c'est de ne pas en avoir !).

Nous avons alors adopté des **attitudes** et des **comportements** adaptés, qui sont venus renforcer la validité de nos **expériences**. Ces comportements successifs ont, à chaque validation, ancré nos croyances encore plus profondément. Ces dernières nous ont ensuite conduits à attirer les expériences... qui viendront presque toujours confirmer nos croyances !

Remarquons que nous ne manquons jamais d'exemples subjectifs, ni de preuves objectives pour renforcer nos croyances. Comme l'exprime simplement Anton Tchekov : "*L'homme est ce qu'il croit*". Prenons un exemple concret et actuel : l'irruption du nouveau Robin des Bois moderne dans notre actualité, je veux parler de José Bové. La vision de cet homme est celle d'un univers de partage, d'équité, où le monde ne serait pas une marchandise et la nature serait respectée. La direction serait donnée par le consommateur, plus que par une poignée de décideurs influents. En fonction de cette "utopie", il se fixe une mission, s'élever contre la mondialisation (telle qu'elle nous est proposée) et ses comportements associés prennent la forme d'un combat. Ces comportements attirent des expériences qui viennent renforcer ses croyances... qui se durcissent : "ce qui est illégal peut être légitime", dit-il, et les rencontres avec les révolutionnaires de certains pays deviennent tout à fait cohérentes avec ses actes de destruction matérielle.

Son face-à-face télévisé avec Jean-Marie Messier (Président de Vivendi Universal), représentant de la mondialisation actuelle, était très instructif. Pour qui ne partage pas ces valeurs, les gens de pouvoir en l'occurrence, le respect de la loi et de l'ordre implique d'autres croyances. En ce sens, pour Jean-Marie Messier, José Bové ne peut être qu'un simple "casseur", "destructeur du travail des autres", un "hors-la-loi", lorsqu'il s'agit de la destruction du Mac Donald ou des semences transgéniques. Pour Jean-Marie Messier, ses valeurs et croyances de rentabilité, d'accès aux ressources pour le plus grand nombre et la libéralisation du progrès, ne peuvent qu'orienter ses comportements en "conformité" avec sa mission.

Passé nos premières réactions émotionnelles (qui sont la réactivation de nos mémoires), il nous faudra prendre de la profondeur ou de l'altitude sur les événements/expériences, afin de refaire le chemin libérant. **Nos guerres, nos conflits, nos tensions interpersonnelles ne sont que le frottement intense de nos différences de conditionnement**

et de croyances. Il s'agira donc de reconstruire sa véritable utopie, son rêve, à partir d'un travail de déconditionnement de nos croyances encombrantes, inutiles, non ajustées, pour une vie plus autonome, plus respectueuse, plus joyeuse et aimante.

Vous pouvez lucidement remplacer ces mots/valeurs par les vôtres de manière à ce qu'elles vous accompagnent dans votre itinéraire :

Voici comment l'entraîneur de vie vous propose de progresser de quelques marches vers cette lucidité pour passer du rêve au projet.

Écoute les paroles de John Milton : "Tes croyances peuvent être les piliers du temple ou les barreaux d'une prison. Tu peux faire de l'enfer un ciel et du ciel un enfer."
Faufile-toi joyeusement entre ta liberté et tes conditionnements sans être dupe.
Tu seras ainsi tolérant et respectueux des visions différentes.

Suivons ensemble les sept étapes qui vont permettre d'accéder à une plus grande lucidité personnelle.

1. **Décris ta vie idéale** à l'âge de 5 ans, 10 ans et en fin de vie. Projette-toi dans ces critères pour chaque période. Commence dès maintenant à 5 ans :

- je suis ... / j'ai... / je ressens, j'éprouve... / j'ai réussi à... / je fais... / je pense, je crois... / j'imagine...

2. **Quelles sont les motivations** qui te font, te feront avancer ?

   Exemples :

   . la vie permet d'avoir du plaisir,
   . la vie permet d'accéder à la spiritualité,
   . la vie permet de relever des défis,
   . la vie permet d'être aimé, etc.

   À toi maintenant, trouve tes trois indicateurs de motivation les plus essentiels :

   . la vie...
   . la vie...
   . la vie...

3. **Quelles sont les "permissions"**, dont tu as besoin pour te libérer des conditionnements, t'en sortir et aller de l'avant vers ta vie à venir ?

   Exemples :

   . tu as le droit d'avoir ta propre opinion, d'être toi-même,

   . tu as le droit d'exprimer ce que tu ressens, d'être en accord ou en désaccord,

   . tu as le droit de changer de cap, de t'orienter sur d'autres voies inconnues,

   . il est bon pour toi de t'octroyer du temps, afin de prendre soin de toi et de ton entourage.

4. **Aide-toi**, pour répondre, **des besoins de Maslow** : survie, sécurité, appartenance, estime, relation, réalisation de soi, et regarde comment ces besoins sont d'abord comblés (pour plus de précision, se référer au tableau des besoins, ch. 6).

5. À toi maintenant de **commencer à réaliser** trois permissions essentielles pour épanouir ta vie, mais je t'invite sur une autre feuille à en écrire une vingtaine !

   . j'ai le droit...
   . je peux...
   . il est bon pour moi...

6. **Écris une expérience** que tu désires vivre, qui serait fondatrice de quelque chose de bon et neuf dans ta vie d'ici une période de 5 années. Associe la motivation et la permission nécessaire.

   . je désire vivre...
   . ma motivation...
   . je me donne la permission...

7. **Es-tu toujours bien sûr** que tu veuilles vivre ton désir ? Et si cela marchait ? Si jamais tu réussissais à être plus autonome, plus joyeux et plus aimant (emploie tes propres mots), qu'est ce qui se passerait ?

L'entraîneur de vie vous invite ici à passer du rêve à la réalité, ce que nous continuerons à faire ensemble dans le chapitre à venir. Faisons une pause avant de comprendre encore mieux la façon de choisir et de structurer ses décisions.

FAITES VOS JEUX !

Nos besoins nous mettent en mouvement. Les désirs ont une dynamique plus subtile. *A priori* nous avons plus de maîtrise sur eux : **un désir peut en effet en remplacer un autre !** Nous savons aussi que le désir est presque toujours associé... à la peur. Nous avons bien appris depuis nos plus tendres années à jouer au jeu des peurs... ou à faire leur jeu. Nous sommes à l'aise pour tourner en rond dans les problèmes suscités par ces peurs. Nous sommes habitués, comme drogués aux problèmes ! Si, tout à coup, tout allait bien... ne vais-je pas rechercher inconsciemment un nouveau problème, réactiver une peur ? J'exagère, bien sûr... !

Observez comment dans le schéma du "joueur de la vie", nous sommes au centre du "pivotement" entre le chemin le plus fréquenté et de celui de l'incréé, au centre de tous les possibles, en quelque sorte.

Oui, il nous faut toute notre vitalité pour trancher, renoncer à l'ancien et nous réorienter vers nos créations. **L'expérience montre qu'il est meilleur d'agir au risque de se tromper que de rester dans une situation de malaise, à tourner en rond, pour éviter de se confronter à l'inconnu.**

Il ne s'agit pas bien sûr de tout rejeter ! Beaucoup de conditionnements et d'anciennes valeurs ou croyances sont très utiles pour notre vie. Cela concerne donc uniquement les "empêcheurs d'être". Si la voie paradoxale n'est plus ajustée à la situation rencontrée, apprenez à trancher et à renoncer pour mieux décider et oser. Nous reprendrons ce schéma très important dans le chapitre 2, afin de franchir une étape de plus.

Dans tout le processus de changement et de décision proposé par l'entraîneur de vie pour faire "vos bons choix", c'est à vous de construire votre puzzle, de garder ce qui vous semble ajusté à votre vie. Si vous prenez 10% de ce guide, que vous l'appliquez correctement et dans la joie, c'est déjà merveilleux.

Quelle est la peur qui se cache derrière ton désir ?

À qui, à quoi, dois-tu renoncer (peur, doute, culpabilité, croyance, etc.) ?

Comment vas-tu remonter en vitalité, en énergie, pour que tu puisses trancher ?

Quel désir, création, relation, vas-tu maintenant nourrir ?

LE JOUEUR ET LA VIE

Trouvez le vrai désir derrière votre peur et cette fois-ci tranchez !

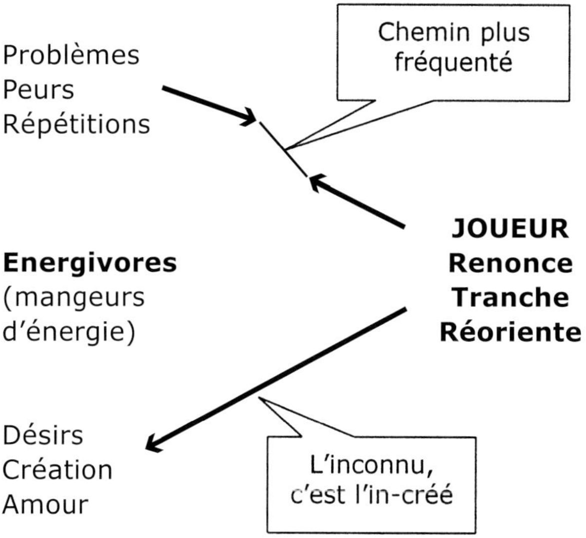

Sois la lame du sabre pour réorienter
ton énergie, c'est ta décision,
c'est ton exercice. Tranche et décide.
Décide et tranche, crie et respire.
Si tu cesses de nourrir tes peurs, tu peux utiliser
cette énergie pour alimenter tes désirs.
Il te faudra "tuer", mourir intérieurement
à ton confort.
Face aux CRI-SES,
ose ce CRI-ME. Ce cri de ton "moi"
pour trancher ce qui t'attache,
pour naître.

Bon d'accord, notre entraîneur est un peu rude !?

Dans mon expérience professionnelle, combien de fois pourtant, j'ai découvert des désirs enfermés, sous-entendus, où il manquait cette première dimension énergétique !

Une fois que j'ai pris conscience de mon souhait d'orienter ma vie vers des forces de création, d'amour, il ne suffit pas toujours de laisser faire.

Concrètement entre le désir et la réalité... il y a mes "énergivores" !

Ce cri énergétique de départ signale une petite naissance consciente. Je suis étonné de voir comment nous parlons souvent de l'importance des "petites morts"... mais si peu des "petites naissances" dans la vie elle-même.

Ce "crie et respire" marque le début d'un mouvement de vie, d'une orientation décidée. Il sera donc nécessaire de s'impliquer... pour faire l'exercice qui suit avec l'entraîneur de vie :

Trancher, c'est mobiliser ton souffle, debout, bien ancré au sol, verticalisé. Inspire en levant tes deux mains jointes. Comme la lame d'un sabre, abaisse les tranchants des deux mains jointes en expulsant l'air ou en criant quand c'est possible. Relâche tout le corps en séparant les deux mains (comme posées sur une table) à droite et à gauche pour te poser et te centrer. Répète ce geste plusieurs fois avant d'oser décider.

C'est avec cette énergie du guerrier que nous allons rencontrer nos énergivores. Il y a un temps pour tout. Si, au contraire, vous êtes déjà trop "guerrier", c'est l'occasion de **canaliser cette énergie vers une vie plus proche des valeurs de joie, d'autonomie et de respect**. Chaque petite naissance a son cadeau, la vie répondra à chaque fois un peu plus à vos "percées" et votre regard brillera certainement d'un éclat nouveau.

Observez la roue infernale des énergivores, cela peut être vraiment "l'enfer" !

Le jeu des peurs, répétitions, problèmes, vous enferment. Les énergivores sont là pour vous empêcher de dégager l'énergie, le temps suffisant, le respect de vous-même et le discernement pour vous en sortir ou simplement mieux créer votre vie.

Alors, offrez-vous ce premier moment de prise de recul pour avancer pas à pas vers la spirale libérante et pleine d'énergie nouvelle à... venir !

LA ROUE TOURNE : Faites vos jeux !

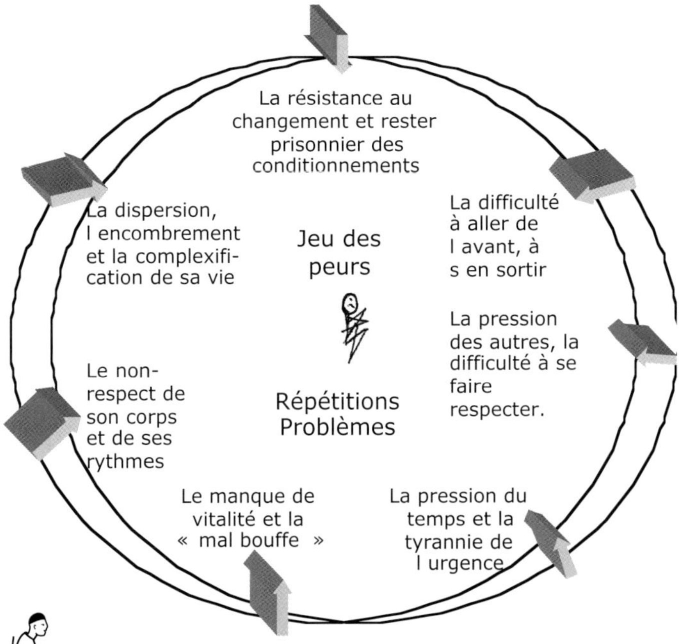

Tes "ennemis" ne sont que des "amis" potentiels. Écoute leur message !

LIBÉRÉ PAR L'ENTRAÎNEUR DE VIE : devenez acteur du jeu

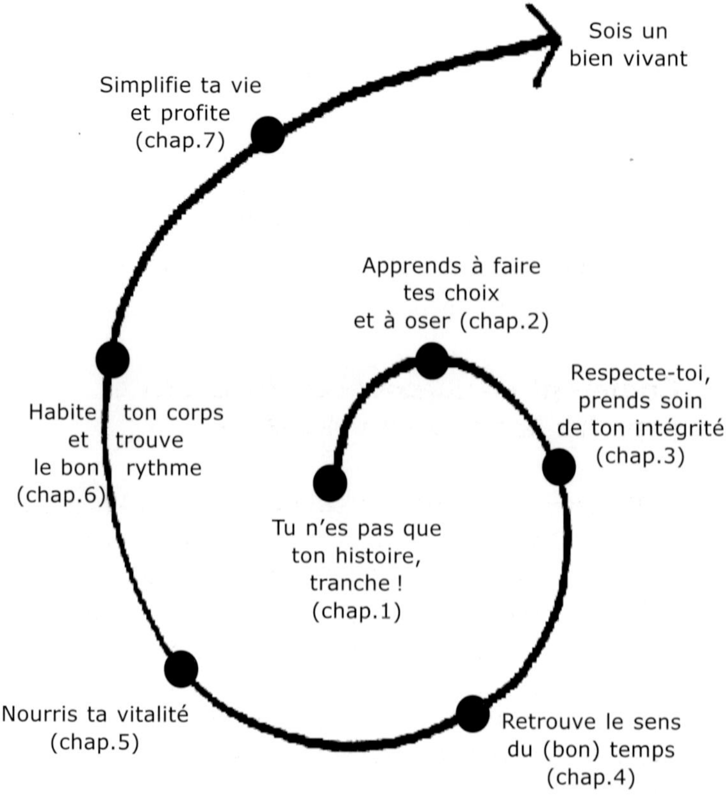

Les jeux sont faits !
Vise bien tes cibles personnelles
et sois un "BIEN-VIVANT" !

Chapitre 2.

"La réussite est une question de chance...
vous diront ceux qui ont échoué !"
Anonyme

LA DÉCISION :
Faites les bons choix et osez !

Comment structurer ses décisions et prendre le risque de réussir ?

Êtes-vous prêt pour continuer l'entraînement de la Vie ? Dans le sport, avoir des adversaires crée une des motivations essentielles pour gagner.

Dans la vie quotidienne, nos adversaires sont nos énergivores, ces mangeurs d'énergie vivante qui nous contraignent, nous rendent agressifs, dépressifs ou tout simplement nous font dire : *"Je ne suis pas dans mon assiette, je ne suis pas au mieux de mes ressources,"* ou encore : *"J'aurai aimé vivre ceci ou cela, je n'en ai vraiment pas le courage !"*

Ils nous mettent dans "tous nos états" et nous rendent irritables, émotifs, rendant nos relations parfois "invivables".

Ces "ennemis", comme me l'a fait découvrir l'entraîneur, nous délivrent à chaque instant une information pour mieux cibler notre vie (rappelez-vous le sens du mot "pêcher" : manquer sa cible).

Observez attentivement le schéma révélateur de notre entraîneur. Nous découvrons nos "encerclements", les endroits où nous tournons en rond dans nos répétitions, nos peurs, nos problèmes...

Chaque énergivore sera compris et transformé au cours des chapitres à venir, afin d'entrer dans la spirale structurante et libérante proposée par l'entraîneur. C'est notre partie responsable en tant que personne incarnée dans le monde, dans la matière. Là nous pouvons agir, là est la dynamique de l'implication humaine. Avant de devenir mûr, devenons adulte ! La peur de l'incarnation nous fait fuir souvent le vrai travail : **être acteur de sa vie pour respecter la VIE et créer son chef d'œuvre**.

COMMENT STRUCTURER SA DÉCISION ?

Seriez-vous d'accord pour que votre décision devienne réalité ? Attention, soyez bien sûr de vos renoncements, vérifiez que vous avez tranché (physiquement, émotionnellement) avec vos peurs et que vous désirez maintenant nourrir le jeu de vos désirs.

Si ton cerveau n'a pas d'objectif simple et structuré, il aura tendance à prendre comme objectif tes craintes et tes doutes !

Suivons ensemble les quatre grandes clés qui ouvrent les portes de la réussite. L'entraîneur de vie va ainsi vous guider pour mieux structurer vos décisions, afin de passer du désir à la réalité.

Les quatre clés :

Première clé : *Formule ta décision en termes clairs et positifs.*

Si je dis à un enfant : *"ne touche pas au feu !"* Il va entendre : *"touche feu !"* Dites-lui plutôt : *"le feu brûle... fais attention !"* Le cerveau est ainsi fait : le traitement de l'information est favorisé par une formulation positive et claire. Formule donc ta décision ainsi : *"je me concentre une heure par jour sur mes actions prioritaires"* et non pas : *"j'arrête de me disperser, j'essaie de me concentrer".* Ce premier pas s'appelle un BUT. Marquer un but, ce n'est pas gagner la partie, c'est pourquoi l'entraîneur de vie va encore te guider.

Deuxième clé : *Ta décision est-elle sous ta responsabilité et suffisamment réaliste ?*

Exemple : *"Je prends des pauses au travail dix fois par jour et j'installe un distributeur de boissons sur mon bureau".* À moins d'être en profession libérale, ce n'est pas tout à fait réaliste et cela dépend en outre d'une décision hiérarchique pour la machine. Lorsque cela n'est pas de ta propre responsabilité et que ton désir est réaliste, tu auras alors, avant d'aller plus loin, à préparer une négociation dans les règles de l'art.

Si tu reprends ta décision de départ : *"je me concentre une heure par jour sur mes actions prioritaires",* c'est *a priori* sous ta responsabilité et réaliste.

Troisième clé : *Évalue les conséquences de tes désirs, tes bénéfices secondaires et confirme ta décision.*

Pour cela, ces quatre questions imparables :

① Si je réussis
Qu'est-ce que je gagne ?
(du temps ! + ... + ...)

Si j'échoue ②
Qu'est-ce que je perds ?
(l'occasion de réaliser un acte de vie)

④ Si j'échoue
Qu'est-ce que je gagne ?
(je ne dérange personne...)

Si je réussis ③
Qu'est-ce que je perds ?
(du confort ! + ... on m'aimera toujours + ... +)

La question finale ➻ me semble la plus révélatrice. Souvent, les médecins le savent bien, un malade qui veut apparemment guérir, se débrouille pour allonger son séjour à l'hôpital. Qu'est-ce qui le pousse ainsi à échouer inconsciemment, alors qu'il a pour but, avoué, de guérir au plus vite ?

Qu'est-ce qui te pousse à échouer dans certaines décisions de vie ? Regarde cela en face.

Tes bénéfices à échouer
sont souvent plus forts
que tes bénéfices à réussir !
Passe du choix automatique
au choix assumé.

Les bénéfices secondaires sont liés à tes besoins (tableau p.129). Ainsi, à rester malade, on s'occupe plus de moi, je suis plus respecté, je suis servi au lit, je me sens en sécurité et en plus, je prends enfin le temps de lire un livre merveilleux !

Au lieu de réinjecter ces éléments dans ma vie de tous les jours, je suis occupé à retarder le moment où je ne jouirai plus de ces instants et cela malgré la douleur ou la souffrance.

Une heure par jour sur le prioritaire !? Si j'échoue, peut-être que je vais conserver la bonne appréciation des autres, car si je réussis, j'aurai dû développer une confrontation, un positionnement relationnel au risque de la dispute, de voir s'éloigner un collègue ou un ami !

Choisir c'est renoncer, choisir c'est trancher, rappelle-toi ! Quand tu es clair avec ceci, vois bien toutes les conséquences de ton choix, soupèse-le mentalement et émotionnellement.

Quatrième clé : *Décline et structure ta décision.*

1. **Actions** :

Je me concentre une heure par jour sur mes actions prioritaires. Cette décision, cette action peut être parfois déclinée en plusieurs sous-actions, ce qui sera plus motivant et réaliste.

Exemple : *Je commence trois fois par semaine ou une demi-heure par jour.*

2. **Indications de réussite** :

À quels signes concrets, serai-je sûr d'avoir réalisé ma décision ?

Exemples :

- Mes collègues où mes amis auront bien compris ma façon de fonctionner.
- Je ne me sentirai plus dans l'urgence, je me sentirai plus disponible pour ajuster mes actions au quotidien.
- Je sortirai à l'heure de mon travail et je n'amènerai plus chez moi un travail supplémentaire.
Etc.

Ces indicateurs te projettent déjà dans la réussite et te stimulent pour continuer à structurer plus précisément ta décision.

3. Filtre ta décision au tamis de ces six questions :

- QUAND ? Fixe-toi un délai maximum et note les étapes qui te mènent vers la réussite.

Exemple : Nous sommes le 1er octobre et ma décision fonctionne complètement le 1er novembre. D'ici là, je planifie mes sous-actions. Observe aussi l'impact de ta décision à court, moyen et long terme.

- **AVEC QUI ?** Prends bien conscience des différents partenaires de ta réussite. N'omets pas les personnes qui vont la freiner, également.

- **AVEC QUOI ?** Quels sont les moyens nécessaires à ta réussite : matériel, financier, outils, compétences, etc.

Exemple : je fabrique un petit chevalet en carton, afin d'y faire figurer l'expression "PARETO". La loi Pareto (20% des tâches ou activités produisent 80% des résultats) me permet d'informer mes collègues que je suis dans mon heure de concentration. Cela attirera des questions, je pourrai les informer de ma décision. Ce carton sera posé sur mon bureau chaque fois que nécessaire.

- **COMBIEN ?** Quel est le coût de ta réussite ? Cela peut aller d'un budget financier à une simple dépense d'énergie personnelle. Mesure bien la valeur de l'effort fourni, de ton investissement et soupèse le rapport existant avec ton "retour" sur investissement. Est-ce que cela "vaut le coup" ? Si oui, libère ton énergie !

- **OÙ ?** Définis ton espace, ton lieu d'action, ton périmètre de décision.

Exemple : Dans le cadre de mon lieu de travail et plus précisément avec mes collègues de l'administration. Je n'exerce donc pas cette décision dans mon cadre familial.

- **COMMENT ?** Répartition des rôles, manière de diriger l'objectif en fonction du degré de maturité de tes partenaires, style de communication employé, gestion des résistances ou des opportunités, ta manière de vivre ta décision déterminera plus ou moins ta réussite. La manière de se projeter dans ses indicateurs de réussite est déterminante. Tel un sportif de haut niveau, tu te conduiras dans la vie, à chaque fois que "le jeu en vaut la chandelle", en visualisant parfaitement tes indicateurs. Ce sont tes phares qui, avec leur lumière, te conduisent sur la bonne route et surtout à destination.

Implique-toi physiquement, émotionnellement et mentalement. Visualiser, c'est vivre l'événement jusqu'à sa réussite.

Si tu réussis, si tu te concentres vraiment une heure par jour sur l'essentiel :

- Que verrais-tu concrètement ? Vis les images qui surgissent et implique-toi à l'intérieur de celles-ci (le carton Pareto, toi en train de te concentrer, l'acquiescement d'un collègue...).
- Qu'entendrais-tu, sentirais-tu, toucherais-tu ? (un climat de silence, une sensation de détente corporelle, le contact de mon stylo préféré, etc).
- Qu'éprouverais-tu ? Quel sentiment t'habiterait, quel sentiment percevrais-tu chez les autres ? (je serai dans la tranquillité, parfois dans la joie de pouvoir dégager du temps pour l'essentiel dans ma vie. Les personnes autour de moi sont dans la compréhension et l'empathie, je suis dans un climat constructif).

Agissez concrètement en associant tout cela, non seulement dans votre tête, mais aussi dans votre corps et au sein de vos émotions. En effet, ce n'est pas du "Carrefour je positive" ou de la "méthode Coué" mais plutôt **un cheminement constructif et réaliste**.

Nous savons aujourd'hui que vivre totalement un événement, à l'intérieur de soi, active les mêmes réseaux de neurones que la véritable action. C'est un grand espoir pour les personnes handicapées. Nous sommes tous des "handicapés de la réalisation", or nous savons maintenant que nous sommes équipés pour faire émerger nos potentiels dans la réalité. Des rêves vécus en profondeur ne se sont-ils pas incarnés dans notre histoire et n'ont-ils pas suscité des créations, des inventions et des personnes heureuses ?

Se répéter mentalement une possible réussite est source d'illusion. Par contre, structurer de manière réaliste le chemin, puis le vivre avec tous ses potentiels imaginaires, sensoriels et psycho-affectifs, c'est humainement placer toutes les chances de son côté.

Chaque personne, chaque identité est porteuse de réalisation et donc d'énergie, de potentiels pour aboutir à ce qu'elle doit être au fond.

Ce serait une erreur de croire que cela se fait tout seul car "tel est mon destin", en tout cas pas toujours.

"Aide-toi... le ciel t'aidera", l'exigence humaine est placée au service de son plan de vie. Nous sommes libres... jusqu'à passer à côté de nous-même.

Je peux dire que dans la vie, mon nom est naturellement porteur (Dechance) mais que c'est ma responsabilité de le porter à destination. Depuis que j'ai "entendu" cette liberté, ma vie est plus aimante, plus autonome, plus joyeuse... et plus chanceuse !

L'expérience montre qu'il existe un "comment" pour réussir, la manière de le présenter est multiple. Aujourd'hui, il m'a semblé important d'en faire une présentation concrète et simple. L'essentiel étant de CROIRE au processus que j'ai choisi et de s'y impliquer car ma vie en dépend. Oui, vous pouvez choisir ce que vous désirez à partir du moment où vos intentions sont claires, le sens de vos actes orienté à partir des valeurs que vous avez définies au départ. Vous êtes alors dans le "bon sens" et l'entraîneur de vie sera en accord pour réaliser votre "chef d'œuvre".

Ces quatre clés ouvrent la porte, encore faut-il la franchir pour se mettre en marche.

APPRENDRE À OSER ET MAITRISER VOS "PRISES DE CHANCE"
Jouer ou être joué ?!

À présent, rappelez-vous le schéma de la page 35, et faisons ensemble un pas de plus avec l'entraîneur de vie. Imaginez-vous maintenant dans le cercle d'un problème, d'une peur et d'une répétition :

LE JOUEUR ET LA VIE
Le nouveau jeu

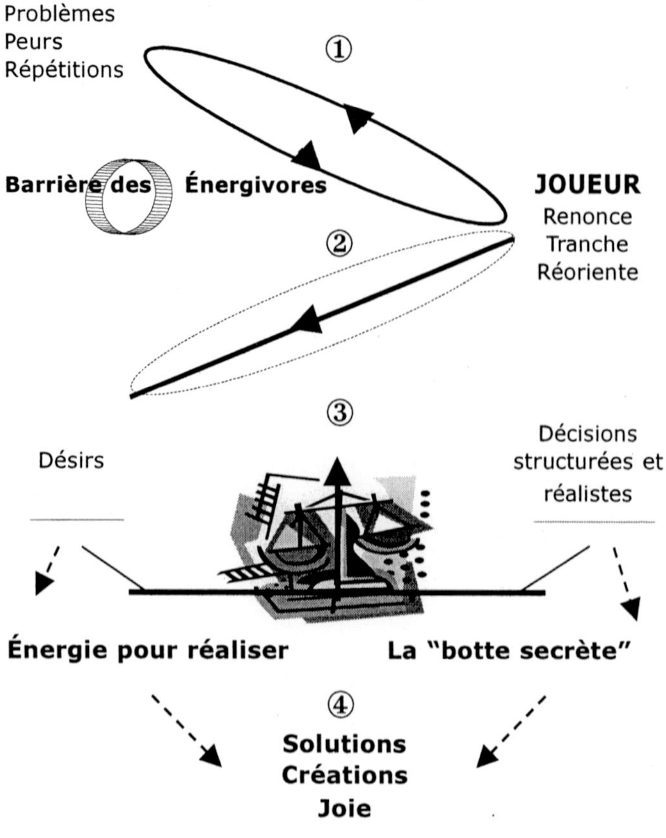

Le joueur a tranché.
Le joueur joue à un nouveau jeu. ②
Faute de joueur l'ancien jeu cesse.
Tu as cessé d'alimenter tes peurs. ①
Tu as renoncé à tes barrières.
Ton énergie est désir.
Tes décisions sont dans le réel et ③
tu crois en leur potentiel de réalisation.
Alors, sors ta "BOTTE SECRETE" ! ④

Voici une situation de vie courante, l'entraîneur de vie vous propose de passer du pilotage automatique à la puissance créative et libérante.

Tu tournes en rond ① en voiture pour trouver une place, afin de te garer. C'est ton problème du moment (cela pourrait être le souci de trouver une place pour travailler...), empêché par tes énergivores (fatigue, émotivité, dispersion mentale, etc). Tu réalises tout à coup ceci : "***je ne suis pas en train de trouver une place, je suis tout occupé à avoir peur de ne pas en trouver une !***". C'est ton fonctionnement habituel, automatique, ton jeu favori. Alors, sois un bon joueur dans ta vie et avance tes atouts sur les cases ② ③ et ④ !

Tu sais souvent ce qui est le plus ajusté dans beaucoup de situations, encore faut-il exercer ta volonté et libérer ta puissance créative pour pouvoir décider et oser.

Exercice : Tu peux trancher de manière énergique dans ton conflit automatique : pousse un cri de manière à ébranler l'hésitation cellulaire, fais un geste pour trancher avec une main (si on te voit, visualise simplement ce processus). Ensuite, recentre-toi, respire, renonce à nourrir ton inquiétude, choisis un nouveau jeu : alimente ton désir de trouver une bonne place. Visualise concrètement, émotionnellement et mentalement. Relie, unifie ce qui était dispersé, séparé. **Réorientée, ton attitude fait surgir le comportement ajusté qui produit alors l'événement souhaité.**

Tu remarqueras en questionnant les personnes autour de toi une chose bien étrange : c'est toujours les mêmes personnes qui trouvent assez facilement une place pour se garer, même dans des contextes difficiles. Tu l'auras deviné, ce sont à peu près toujours les mêmes personnes qui ne trouvent jamais de place et par extension se font "embêter dans la vie". Les stratégies d'échec sont puissantes. Rappelle-toi des bénéfices secondaires.

À exemple simple, processus simple !

Pour une situation de vie plus complexe, la prise de recul et une vraie structuration de la décision, telles que nous les avons abordées ensemble, sont nécessaires. C'est l'autre côté de la balance sur les schéma de l'entraîneur : le principe de réalité. Tout le cheminement avec les quatre clés de réussite sera alors nécessaire avant d'aborder "la botte secrète".

"*Et si de temps en temps, cela ne marche pas ?*" me diras-tu... eh bien, tu as raison ce n'est pas toujours le cas car ce n'est pas une formule magique, mais une attitude de vie ! De plus certains élans, heureusement, ne prennent pas forme ! Nous constaterons, peut-être des années plus tard, le bon sens de cet empêchement qui aura été une souffrance du moment. La vie est intelligente... confiance !

Cependant, le joueur empêtré dans l'échec renforcera son attitude d'échec, alors que le joueur ayant entendu son entraîneur de vie aura une relation toute différente à cet événement. Ce sera pour lui une information (dans le sens de formation intérieure). Soit il devait vivre à ce moment-là une tout autre histoire et il sera à l'écoute, soit il apprendra quelque chose sur lui qui lui permettra de se réajuster. C'est aussi cela "RÉUSSIR".

Nous sommes donc des apprentis sur la route qui mène à nous-même et à nos créations. La confrontation de nos désirs, de notre énergie, au réalisme du quotidien, est souvent vécue comme une véritable épreuve de force.

Un proverbe corse m'a récemment amusé : "*Entre le Dire et le Faire, il y a la mer*". Si mes désirs se sont transformés en décisions réalistes et structurées, nous pouvons **sortir la "botte secrète"** de l'entraîneur de vie :

OSE, OSE... AU RISQUE DE !
Aucun vrai changement concret
sans exercer ta capacité à OSER.

L'entraîneur de vie m'a fait comprendre que là était la clé pour finir de franchir la porte. J'ai pris mon sac et je suis parti au bord de la mer, j'ai rempli ce dernier de galets plats. Je suis rentré en portant sur mon dos le poids de mes "galets-res" et j'ai commencé l'entraînement. En posant mon premier galet au centre d'une page blanche, j'ai marqué ma décision de jouer au nouveau jeu. C'était ma pierre fondatrice. J'ai pris ensuite mon premier désir de vie, d'évolution, transformé en actions réalistes. Et je suis parti vivre ma première "prise de risque". Cet exercice de la pyramide de la réussite et très puissant. Les deux photos que tu as vues dans les couvertures intérieures seront des rappels pour t'entraîner !

L'entraîneur de vie m'avait prévenu :

Vis ta prise de risque
dans ta zone d'apprentissage.
Quitte ta zone de confort !
N'entre pas dans ta zone de panique !

J'ai compris, ce jour-là, que la prise de risque n'était pas du "saut à l'élastique" mais, pour moi, une progressivité qui construirait ma confiance.

Je choisis donc de me confronter à un ami en lui exprimant une chose que j'avais sur le cœur depuis longtemps et que je retenais, en fait je "tournais" en moi une énergie que je "retournais" contre moi et qui me "bouffait" concrètement.

En m'appuyant sur ma vitalité, mon désir, ma visualisation et une vraie décision, j'ai eu l'heureuse surprise de dénouer un empêcheur d'être dans ma vie. Au comble de ma joie d'avoir réussi, mon entraîneur de vie me dit alors avec un grand sourire :

Accepte maintenant de célébrer
et de marquer ta réussite,
ajoute une pierre à ton édifice!

Et je m'offris un petit plaisir qui ancra ma première prise de risque réussie. **Notre cerveau, en effet, enregistre aussi bien les "petites naissances" que les traumatismes**. Nous avons une capacité étonnante à créer du neuf, à nous de faire peser la balance du bon côté, de créer des connexions neuronales, de nouvelles informations. Nous utilisons si peu cette faculté ! Par contre, nous n'enlèverons pas nos connexions traumatisées.

L'entraîneur de vie :

Ton héritage n'a pas à être accepté,
il n'a pas à être refusé : IL EST !
Ton projet de vie :
Construire le "JE SUIS".
Tu es là pour œuvrer.
Sois à ta juste place !

L'entraîneur a déclenché chez moi un électrochoc, en me faisant prendre conscience que mon passé, quel qu'il soit, était un héritage dont je devais prendre soin. Plus loin, plus profond que ma petite histoire familiale, ma généalogie et la mémoire de l'humanité avaient pétri ma réalité*. Aujourd'hui, CELA EST, JE SUIS CELA et comme tout héritage, je peux en prendre soin, le faire fructifier et en faire un nouvel héritage à léguer, ou bien, laisser les "mauvaises herbes", mes énergivores par exemple, envahir ma demeure.

Après avoir ajouté un galet plat à côté de ma pierre fondatrice, **j'entrai ainsi dans un cycle de croissance et d'autonomie que mon entraîneur de vie rythmait de manière stimulante :**

OSE,
Joue ta prise de risque,
OSE,
Célèbre et ajoute ta pierre,
OSE,
Joue ta prise de chance,
OSE,
Célèbre et ajoute ta pierre...

Voici donc la fameuse "botte secrète" qui me permettait de me sentir de plus en plus confiant dans la vie, tout en restant réaliste. Au fil des galets qui s'ajoutaient à l'édifice, mon capital de réussite augmentait.

À chaque échec, je ne plaçais pas de pierre. Je prenais l'enseignement sans m'appesantir et orientais à nouveau mon énergie pour oser dans la bonne zone de prise de risque. Ainsi je transformais ces prises de risque en **"prises de chance"**.

** En ce sens, tout le travail de psychogénéalogie est une grande avancée par rapport au freudisme, même si notre présent est pétri de mémoires encore plus anciennes.*

Le poids des événements constructifs dans ma vie m'a placé en "bonne posture" pour me mettre "en face" et me redresser devant mes vécus difficiles. Ma confiance, ma créativité, ma nouvelle structuration m'ont permis de devenir plus autonome. Le rapport de force a progressivement changé. Auparavant, je vivais la dépendance au "mal vivre" qui n'était qu'une dynamique de vie empêchée.

Je m'aperçus à la dernière pierre de mon édifice que j'avais réalisé une pyramide, un magnifique symbole ! Certains experts affirment que ce type de forme attire de bonnes choses. J'ai bien envie de les croire !

La pyramide terminée, mon entraîneur me déstabilisa une fois de plus :

Lâche la forme extérieure.
Vis la réalité intérieure.
Vis ta métamorph'ose
et la forme devient rappel.

Je compris qu'il était temps de me "frotter" à la vie de manière plus autonome, d'enlever à nouveau une béquille et explorer les chemins du vivant, équipé intérieurement de mon "bon sens". De temps en temps, sur l'un de ces chemins, une petite pyramide en pierre me rappelait ce que j'avais parfois tendance à oublier.

Ces cairns* du randonneur de la vie sont précieux. Nous sommes "humains", dit-on parfois pour signaler notre fragilité.

Nous verrons dans un prochain ouvrage à quel point les rappels au quotidien sont utiles pour continuer à grandir et à mûrir.

** Pyramide de pierre élevée par des alpinistes, des explorateurs comme point de repère ou marque de leur passage.*

Une dernière chose, rappelez-vous la proposition de départ de l'entraîneur de vie :

Dans chaque acte, chaque situation,
chaque choix,
pose-toi toujours cette question :
Cela me rend, me rendra-t-il, plus autonome,
plus joyeux et plus aimant ?
Si oui..., agis, au risque de !

"Il faut parfois oser être publiquement mauvais pour être secrètement meilleur."
Michel Picoli

🕮 Des livres : repères bibliographiques

Ces ouvrages accessibles et complémentaires ouvrent les portes de la croissance personnelle, donnent du sens, des repères pour trouver sa voie.

- Petit traité de l'action, D. Desjardin, La table ronde.
- Un merveilleux malheur, Boris Cyrulnik, éditions Odile Jacob.
- Nos paysages intérieurs, Sylvie Tenenbaum, Inter-éditions.
- Choisir sa vie, Josiane de Saint Paul, Inter-éditions.
- Les renoncements nécessaires de Judith Viorst, éditions R. Laffont.
- Du sens de la vie au sens des affaires, P.G. Claudel et P. Cassé, éditions d'Organisation.
- Le courage de se libérer, Peter et Penny Fenner, éditions du Relié.
- Le code caché de votre destin, J. Hillman, éditions R. Laffont.
- Le développement personnel, Pourquoi ? Comment ?, Jacques Dechance, éditions Le Souffle d'Or.

- Ne vous noyez pas dans un verre d'eau, R. Carlson, éditions J'ai lu.
- Changements paradoxe et psychothérapie, P. Watzlawich, éditions Points.
- Il n'y a pas de hasard, R. Hopcke, éditions R. Lafont.
- Chemin de vie, K.G. Dürckheim, La table ronde.
- Vers une psychologie de l'être, Abraham Maslow, éditions Fayard.

✉ Des adresses...

Vous trouverez à la fin du livre des informations pour pouvoir vous renseigner sur la pédagogie "reliance" développée en partie dans cette ouvrage.

Des carnets d'adresses utiles, mis à jour sont présentés dans : Psychologie magazine (vente en kiosque), Le livre de l'essentiel réalisé par l'équipe du magazine "Nouvelles Clés", remise à jour à paraître.

Sur internet : nouvellescles.com et psychologies.com

Chapitre 3.

"Je suis un vieil homme et j'ai connu beaucoup de problèmes... dont la plupart ne sont jamais arrivés !"

Mark Twain

LES LIMITES : Respectez-vous et prenez soin de votre intégrité

FAIRE FACE AUX PRESSIONS ET SE POSITIONNER

L'entraîneur de vie vous invite ici à reconquérir votre espace vital et à mieux vous faire respecter.

Il n'y a pas de liberté sans espace.
Tu es matière, tu es frontière.
Comme en politique,
priorité à la protection du territoire.

Eh oui ! Nous sommes incarnés. De ce fait, si je m'appuie sur la table, je ne passe pas au travers ! Mes pieds ne traversent pas le sol, je suis bien là, à tester en permanence la solidité de chaque limite.

Même si les physiciens nous expliquent que sur un autre niveau la table est faite de plus de vide que de plein, que chaque chose se fond dans une autre, dans un continuum, mon vécu me rappelle sans cesse à ce réflexe d'intégrité : préserver mon espace.

Les limites peuvent faire respirer ma vie, comme elles peuvent l'oppresser. La limite me distingue et fait de moi un être différent, unique.

Je suis recouvert d'une peau, comme l'arbre d'une écorce ou la terre d'une "croûte" terrestre. Anne Katherine, auteur canadien, nous rappelle dans son excellent ouvrage sur les frontières humaines qu' *"une blessure, un organisme extérieur, pourront parfois corrompre l'intégrité d'une limite. La victime pourra même succomber si la blessure est grave, si l'offenseur fait preuve d'hostilité ou s'il est un organisme toxique. Une frontière physiologique intacte préserve la vie."*

Libère la force du NON.
Vis l'intensité du STOP !
Sois la présence du "ATTENDS" !
Pour libérer ton OUI.

L'entraîneur de vie vous propose un cheminement concret et utile pour votre quotidien en trois phases :

1- *Libérer la force du NON, c'est engager et reconnaître ta force vitale et ta capacité à "rejeter".*

C'est une pulsion de vie qui se doit d'être préservée, une sécurité intérieure pour maintenir son intégrité.

J'invite toute personne à vivre cette expérience de manière consciente : choisis **un partenaire** (si ce n'est pas possible, visualise-le !) et sens bien **tes pieds ancrés dans le sol**. À chaque fois que ton partenaire te fait **une demande** non acceptable en s'approchant de toi, **"expulse-le" avec toute ta**

force vitale, en appuyant tes mains au niveau des ses épaules, fais-le reculer. "Rejette-le" de quelques mètres en ayant pris la précaution de faire un essai en douceur pour vérifier que l'autre s'est adapté à la poussée. À chaque demande non acceptable, à chaque situation oppressante, laisse jaillir un magnifique et puissant NON ! Parfois, cela te restera en travers de la gorge, ou sonnera faux et ton regard aura tendance à fuir la situation... C'est au moment où tu ne t'y attendras plus que surgira cette magnifique puissance que tu es. Tu auras senti en toi, cette capacité te permettant de "rejeter physiquement" quelqu'un hors de ta frontière, de ton territoire. Observe alors ta respiration, tu pourras ainsi choisir d'accueillir en toute liberté. **Cette force du NON, reconnue dans son énergie vitale peut sauver un jour ton intégrité, aie le courage de l'éprouver**.

2- *Maintenant, vis l'intensité du STOP !*

Passer de la force à l'intensité demande un changement d'état qui augmentera ton choix de réponse dans la vie. Ton **partenaire** (réel ou visualisé) revient vers toi, mais avant qu'il ne franchisse ta frontière d'intégrité, c'est-à-dire une longueur de jambe environ, **tu te positionnes**. Cette distance correspond au fait de continuer à voir la personne (ou un petit groupe) en entier. Tu places à cet instant un pied d'appui au sol, **ta main ouverte en face du plexus solaire de l'autre, bras détendu et fléchi pendant que ton regard confronte fermement**. Il s'agit de réaliser en même temps ces trois actions **en gardant le corps dans sa verticale** (ni fuir en arrière, ni attaquer en avant) avec une sensation de descendre profondément vers le sol.

Ainsi le son de **ton "STOP" surgira de ton ventre et non de ta gorge.**

3- Puis, expérimente le mot : "Attendez !" ou "Attends !"

Trop tard, c'est trop tard et trop tôt, c'est trop tôt ! **Il faudra sentir l'instant juste. Ce geste maîtrise l'impulsion émotionnelle de l'autre et le désarme.** J'ai longtemps travaillé dans le service public et ces façons de gérer les pressions d'autrui sont aujourd'hui utilisées avec succès, que ce soit chez les gardiennes d'immeubles, les agents SNCF, RATP ou dans des centres sociaux. Sois la présence du "Attendez !" ou "Attends !". Passer de la force à l'intensité pour aboutir à une présence calme et désarmante te permet d'accéder au "petit geste magique" du quotidien facile à expérimenter. L'ironie du sort a fait qu'en écrivant ces lignes, j'ai subi un appel téléphonique pour un sondage avec une personne très envahissante ! Les propositions de l'entraîneur de vie fonctionnent parfaitement avec la "téléphonite aiguë" qui agresse tes frontières. Imaginons que ton **partenaire revient** vers toi avec sa demande. Sans bouger extérieurement en vivant la "descente intérieure", c'est-à-dire en **relâchant le bas du corps pour s'ancrer au sol, place cette fois-ci ta main ouverte devant le centre de gravité de la personne qui avance en exprimant le "attendez"**. Tout à l'heure, tu maîtrisais la zone émotionnelle, le plexus solaire. Ici, c'est le centre de gravité de la situation que tu maîtrises. Ta main appuie doucement vers le bas et **tu ressens dans le mot "attendez", le mot "calme !"**. Exerce-toi, c'est extrêmement efficace. Tu as peut-être remarqué, dans une réunion à laquelle tu participais, la difficulté parfois à prendre ta place pour te faire entendre. Tu as beau dire "attendez...", tout le monde continue à parler et t'envahir. Puis, tout à coup une personne fait le même "attendez..." et tout le monde s'arrête pour l'écouter ! Savoir ne suffit pas, encore faut-il habiter son corps, son geste, son émotion, le son de sa voix pour être source d'influence positive. Si tu es entier dans ton expression, cela "marche" ! Si un seul endroit de toi-même est dans l'ambiguïté, cela se ressent et l'autre peut s'engouffrer dans cette porte ouverte sans ton consentement. Alors... entraîne-toi concrètement !

Fais suivre le "attendez !" de questions précises et tu désamorceras ainsi beaucoup de situations difficiles.

Nous reviendrons sur ces processus de désamorçages relationnels dans le deuxième guide de la collection consacré spécifiquement à la relation.

Lorsque, au fil des expériences, tu auras maîtrisé ces différentes intensités qui préservent ton intégrité, tu constateras, petit à petit, que ces limites sont aussi physiologiques, émotionnelles, sexuelles ou spirituelles.

Chaque domaine du vivant a ses frontières, sois-y attentif, elles indiquent ce qui est acceptable ou sécurisant. **Tu ne rends service ni à toi-même, ni à l'autre en dépassant d'un millimètre ton seuil d'intégrité.** Apprends à consolider tes frontières, tu pourras te protéger de la méchanceté, de l'ignorance des autres, tout en augmentant ton niveau de lucidité. Nous verrons au chapitre 5, que lorsque les pressions extérieures oppressent, cela m'indique d'élargir, d'autant plus, l'espace intérieur. Dans ce sens, habiter son corps et le maintenir "en souffle" est une réponse ajustée à **l'énergivore-espace**.

L'entraîneur de vie, suite à ces indications nous proposa l'exercice suivant :

OSE...
Vis 3 jours en notant les événements
où tu te sens renié.
Qu'est-ce que tu éprouves ?
Vis 3 jours en acceptant de vivre
tous tes besoins.
Qu'est-ce que tu éprouves ?
Vis 3 jours en respectant ton intégrité
tout en respectant celle de l'autre.
Qu'est-ce que tu éprouves ?

Entrez dans l'expérience, n'en restez pas seulement à la prise de conscience !

Vous pouvez, comme je le propose dans mes groupes de travail, visualiser concrètement ce processus avec l'utilisation de pièces de 5F (ou 1 euro) sur votre bureau ou chez vous.

Entrez dans cet exercice avec votre entraîneur de vie :

Place 10 pièces à droite, 10 pièces à gauche.

À chaque fois que tu éprouveras la satisfaction d'avoir respecté ta vraie nature, ton besoin, que tu auras exprimé ce qui te semble juste au fond de toi-même, tout en respectant l'autre... déplace une pièce de monnaie du tas de gauche (la négation de soi) pour l'ajouter au tas de droite (l'estime de soi). Inversement si tu sens que tu n'as pas exprimé ce qui était ton besoin, une chose essentielle, un moment où tu t'es nié... déplace une pièce de monnaie du tas de droite vers le tas de gauche. Ainsi tu joueras durant un mois entier ou plus jusqu'à ce que la pile de droite soit vraiment gagnante. Qu'as-tu fait grandir ? Ton respect de toi-même, ton estime (à droite) ou bien la négation de toi-même (à gauche) ? Qu'as-tu fait diminuer ?

Quand commences-tu l'expérience ? Et où ?

Tes 100F, investis en toi, donnent de la valeur à ce que tu viens d'entreprendre. L'expérience terminée, célèbre ta réussite... C'est une nouvelle mémoire que tu viens de créer dans ta vie. Développe une attention détendue au quotidien.

C'est dans le fait d'agir que l'on s'incarne et que la croissance prend figure de création. Nous distinguerons plus tard le mouvement complémentaire qui est celui de "mûrir". Nous approfondirons ensemble la "voie de l'Être" dans le quatrième guide de la collection.

RETROUVER DE L'ESPACE, C'EST ACCÉDER À UNE PART DE LIBERTÉ

Si je suis sûr de pouvoir préserver mon intégrité, je peux m'ouvrir, je peux entrer dans le grand "OUI" et accueillir la Vie sur mon territoire. **En effet, ces entraînements ont renforcé mon ego (passage nécessaire) et ma lucidité.** Rappelez-vous à présent vos valeurs de départ et vos décisions de vie, afin non pas de vous refermer sur vous-même ou de préserver seulement ce que vous êtes, mais de continuer à grandir et de vous ouvrir. Situez-vous de mieux en mieux dans cette relation à l'espace à travers toutes les situations que vous avez rencontrées, grâce au plan des 3 fois 3 jours ou des pièces de 5F (ou 1 euro), proposées par l'entraîneur de vie. Ni trop fermé (distancié ou rigide), ni trop ouvert (envahi ou enchevêtré), votre rapport à l'autre et au monde va petit à petit respirer pour une liberté consciente. **Réalisez que beaucoup de vos réponses sont des conditionnements, des répétitions de re-actions.** Vous n'êtes pas que cela, soyez lucide là-dessus, voyez-le profondément. **Votre espace est limité par ces "chemins les plus fréquentés" que vous empruntez pour vous préserver sans cesse, et c'est "humain" !** Comme vous l'avez expérimenté dans les deux premiers chapitres, vos décisions pour évoluer et vos choix profonds vont faire face à cet énergivore dévoreur de votre espace. Ces choix, maintenant, peuvent s'orienter vers les prises de risques nécessaires. **C'est le moment d'utiliser la pyramide de la réussite et la "botte secrète"**, expliquée au chapitre 2.

Imaginons, comme cela, au hasard..., que vous aimeriez être plus à l'aise, plus réceptif(ve) lorsque l'on s'approche de vous ou lorsque l'on vous touche. Supposons que vous aimeriez être plus ouvert, plus accueillant lorsque quelqu'un entre dans votre territoire. Peut-être votre changement d'attitude, votre confiance, votre calme dans cette situation changeront-ils la nature même de la relation et de l'événement ! Si vous ne jouez plus au jeu de votre peur, si vous osez votre première prise de risque (réaliste, structurée comme nous l'avons vu plus tôt) en activant un nouveau chemin de conscience, **vous risquez... que ça marche !** Et d'ajouter une nouvelle pierre à votre édifice.

L'espace de votre vie, l'espace relationnel s'ouvriront "sans peur et sans reproche". Votre histoire vous appellera souvent à régresser, n'oubliez pas que les forces de vie en vous sont puissantes et que vous avez la décision. C.J. Jung disait parfois ceci :

"Nous sommes influencés par nos 90% d'inconscient mais c'est bien avec nos 10% de conscient que nous décidons vraiment de nos actes en fin de compte".

Retrouve de l'espace, prends le large !
Notre cerveau a besoin d'espace,
cesse de t'agripper à "ton" histoire,
à tes représentations mentales erronées
et ose le nouveau, l'histoire créatrice.
Notre cœur a besoin d'espace, cesse de te
protéger, de te refroidir ou de te "brûler"
et ose l'ouverture et la chaleur humaine.
Notre corps a besoin d'espace,
cesse de l'oppresser jusqu'à la maladie
et ose souffler.
La vie est conçue pour circuler et donner la Vie.

Fais tes premiers pas dans ton nouvel espace :

1. Crée-toi un espace intime (une pièce, un coin, un tapis, ou...) :

2. Tiens la bonne distance/proximité avec :

3. Ose un nouvel espace dans ta tête :

4...

L'autre versant de l'espace intérieur est le grand espace d'exploration et de contemplation extérieure. Je me suis vraiment "agrandi intérieurement" à chacune de mes grandes aventures.

L'expérience du désert m'a ouvert à l'horizontale infinie ainsi qu'à une bonne infusion de silence. Pour relativiser et reprendre une attitude nouvelle face aux "problèmes", c'est vraiment salutaire. Oser l'expérience de l'Himalaya m'a ouvert à la verticale infinie et à l'ouverture à la différence. J'ai pris de la "hauteur" sur mon petit "moi" et j'ai vu les choses d'un tout autre point de vue. **Un voyage extérieur peut parfois être aussi transformant qu'un travail intérieur**. Tout dépend de la disposition dans laquelle nous nous trouvons.

S'émerveiller et apprendre de la différence est une école de vie magique, un miroir sans cesse renouvelé où ce qui nous arrive est rarement le fruit du seul hasard. Agrandissez votre personnalité, en voyageant dans l'ouverture, le respect et la curiosité.

Quelle sera ta prochaine destination, ton nouvel espace ?

Dans l'espace où tu te trouves
tu attires ou tu produis
toujours ce que tu es.
Trouve le bon écho !

Chapitre 4.

> "Tant de gens aspirent à l'éternité qu'ils ne savent pas quoi faire le dimanche quand il pleut."
>
> Suzan Ertz

LE TEMPS : Retrouvez le sens du "bon" temps

UNE "HISTOIRE SANS FIN"

Il aura fallu attendre le début du 19e siècle pour que nous commencions à dire de plus en plus souvent : "je n'ai pas eu le temps de...". **Notre vécu du temps s'est profondément transformé au fil de l'histoire.**

L'obélisque a été le premier grand symbole du temps. Littéralement, ce "rayon de soleil pétrifié" indiquait la valeur de l'instant à vivre. Le cadran solaire reflétait le rythme de la nature, les sons de cloches marquaient également le temps et au Moyen Âge, on pouvait dire qu'un tremblement de terre avait duré le temps de deux Ave Maria. Lorsque l'horloge apparut, c'est toute la sensibilité aux rythmes organiques qui fut agressée. Dans un texte ancien, on peut lire ceci : *"Cela met ma journée en morceau, avant c'était mon ventre qui m'informait !"*. Le temps mécanique apparaît. **Le temps dit "*kairos* – qualitatif – organique" est dé-**

trôné par le temps dit "*kronos* – quantitatif – structuré". Même Dieu devient le "grand horloger" ! En 1519, Magellan, à la recherche de voies maritimes, grâce à ses fausses cartes, découvre que la Terre est ronde en revenant à son point de départ. Mais l'autre grande surprise est qu'il arrive au port un jeudi, alors qu'il était persuadé d'être un mercredi. C'est la découverte des décalages horaires. La navigation est l'activité qui fera le plus avancer les recherches sur le temps. Celui qui découvrit le premier le calcul des longitudes devint la première puissance mondiale ! C'est John Harrisson, inconnu autodidacte, qui va révolutionner notre approche du temps. Le temps "fiable" apparaît avec ses chronomètres de marine. Le temps de la précision est là, le 18e siècle s'ouvre sur... la fébrilité ! Un horloger dira : *"Si je compte trop, j'ai moins de temps !"*. Ce paradoxe prendra tout son sens au 19e siècle où le temps devient le grand vainqueur de l'espace. Le télégraphe puis le téléphone nous placent dans la simultanéité, le temps ne désigne plus le temps juste mais la vitesse maximale. Le "temps, c'est de l'argent", le mot "rapide" est partout ainsi que les abréviations. Les cadences "infernales" du taylorisme avec ses surveillants équipés de chronomètres nous éloignent toujours plus du temps *kairos*. L'horloge pointeuse ligote les hommes et l'expression *"je n'ai pas le temps"* apparaît. Le temps devient invisible, caché dans chaque appareil, chaque objet du quotidien. Le 20e siècle sera marqué par cette angoisse que tout s'arrête : c'est le grand "bug" de l'an 2000 qui a montré de manière profonde le ressort sur lequel peuvent jouer des personnes influentes. Nous avons ainsi matérialisé cette course en avant, en inventant "l'accélérateur" qui relègue "la seconde" au temps des dinosaures. On trouve-là des particules laissant des traces des milliers de fois en une seconde ! Alors, où en sommes-nous ? Avec la théorie de la gravitation quantique, Klaus Kiefer porte un coup mortel à cette conception du temps : "*Le monde n'évolue pas,* dit-il, *il se contente d'Être. Le temps n'existe qu'en tant qu'illusion".* Il y a 1500 ans, saint Augustin nous disait déjà ceci : "*Le temps n'existe que dans la présence mentale, dans la présence de ce qui est à venir, à savoir dans l'attente. Dans la présence du présent, à savoir comme évidence, dans la présence de ce qui est passé, à savoir comme souvenir*". Cette présence à ce qui EST, au-delà du temps formaté, revient aujourd'hui en force comme le retour du balancier en recherche permanente du point d'équilibre. **Tous ces faits nous replacent dans le temps de l'histoire et nous permettent de nous "recaler" sur notre relation au temps**, de nous rendre plus libre de nos choix, de notre vécu dans un monde où tout se côtoie. Les artisans du sud de la France sont nettement plus dans le temps *kairos* en terme de délais que ceux du nord ! Le temps de la start-up est bien différent des objectifs à long terme des grosses entités industrielles. Aujourd'hui, toute la palette est ouverte à nos choix. J'ai souvent animé des sessions de gestion du temps pour cadres performants, avec des résultats assez médiocres. J'ai appris une chose, depuis, avec mon entraîneur de vie :

Avant de chercher des "trucs" pour gérer ton temps, change ta relation au temps !

Ces repères historiques peuvent créer un premier choc : "Comment en suis-je arrivé là ?". Ils peuvent susciter les vraies questions et amener une relation nouvelle à son environnement. C'est seulement dans cette dynamique de changement que la gestion du temps prendra du sens. **Le temps ne sera plus un énergivore mais un puissant allié de vos décisions de vie**.

UNE RELATION "À LA VIE, À LA MORT"

La relation au temps est modifiable dans la mesure où nous prenons conscience de notre histoire, de cette relation temporelle construite par le jeu des influences extérieures et des croyances qui créent, aujourd'hui, notre vécu du temps.

Nous croyons et nous imaginons des choses sur le temps. Regardez, **nous sommes même arrivés à croire que "nous n'avons plus le temps".** C'est en fait une véritable illusion, cette croyance installée depuis le 19e siècle a pour conséquence "la tyrannie de l'urgence" qui fonctionne comme une véritable drogue en stimulant de la même manière notre cerveau. En l'absence de cette stimulation, l'état de manque apparaît !

En terme de croyance, si je pense que le futur est ce qui m'arrivera "par hasard", il y a des chances pour que les événements me donnent raison. Si je crois au contraire que mon futur dépend plus de mes actions du présent, je vais produire certainement le phénomène.

N'oubliez pas que nous avons cette capacité profondément humaine de créer de la réalité. C'est à la fois merveilleux et terrifiant.

Notre entraîneur de vie nous invite à vivre trois indicateurs* pour nous réconcilier avec la "justesse temporelle" :

- ***Développe ton HORIZON TEMPOREL*** *et ton aptitude à voir loin. Construis ton présent en fonction de ce que tu veux créer dans le futur. Garde le Sens de l'histoire, cette "mémoire créatrice" du futur.*

- ***Garde ta CONTINUITÉ TEMPORELLE*** *pour donner du Sens à tes actions. La chronologie d'événements et d'instants disparates te font vivre un temps émietté. Aie la sensation intérieure du continuum Passé/Présent/Futur.*

- ***Perçois l'ÉLASTICITÉ TEMPORELLE,*** *c'est ton temps vécu et librement modifiable. Si le temps s'accélère aujourd'hui, c'est qu'il y a beaucoup plus d'interactions, ce qui détermine le rythme extérieur. Tu as la possibilité de ralentir le temps en créant un sentiment paisible en toi, en te dé-contractant (se délivrer des contrats), en respectant tes rythmes organiques et naturels. (Nous insisterons sur cet aspect dans le chapitre 6.)*

L'entraîneur de vie vous propose une attention progressive pour **une relation au temps plus ajustée**. Chaque mois, sur les douze mois de l'année, portez simplement votre attention sur une orientation, une tournure d'esprit. Placez ce repérage sur votre bureau ou dans les toilettes comme rappel.

Voici son invitation au changement :

** Inspiré des travaux de Elliott Jacques en Angleterre et du professeur J. Nuttin en Belgique sur la capacité des personnes à bien vivre le temps.*

Janvier : Accepte de ne pas être parfait tout en optimisant ton niveau d'exigence. Personne n'est complètement indispensable.

Février : Rassemble ton attention sur une seule chose à la fois, tout en apprenant à gérer l'arrivée d'informations multiples.

Mars : Sache rythmer activité/repos pour éviter activisme/dépression. Fais le vide... et agis !

Avril : Donne-toi le droit de vivre le temps et non pas de le perdre ou de le fuir. La culpabilité est mauvaise conseillère.

Mai : Le temps est une richesse à reconquérir. Cette richesse, c'est l'intensité ou la profondeur de l'instant.

Juin : Accepte de changer ta relation au temps avec l'âge, la maturité, l'expérience.

Juillet : Retrouve la notion de rythme : la respiration est le sablier du temps.

Août : Réapprends la sensibilité à ton espace de bien-être, à ton territoire de sécurité. Plus la pression est forte, plus ton intérieur doit s'élargir et s'apaiser.

Septembre : Accepte de lâcher du pouvoir et fais mieux confiance, dans la vigilance, aux autres.

Octobre : Ose te positionner... au risque de, avec clarté, sans charge émotionnelle.

Novembre : À toi d'inventer ton orientation :

Décembre : La relation au temps est toujours une façon évolutive de vivre la vie et la mort.

Chaque mois, prends conscience d'une relation au temps sans "te prendre la tête", simplement de l'attention ! Et comprends profondément le sens que cela a dans ta vie.

Et bien sûr, tout cela, comme le temps... est relatif !

YUPI ! ALLEZ À L'ESSENTIEL

Fort de cette réconciliation avec le temps, vous allez pouvoir commencer à vous concentrer sur l'essentiel, c'est-à-dire **les priorités en terme de gestion du temps**. Plus vous êtes prisonnier de l'urgence, plus l'espace du prioritaire se réduit, vous étouffez avec des maladies en "ite" qui s'accumulent telles que les interruptionnites, téléphonites, réunionites... Les compensations inhérentes à ces chronophages (mangeurs de temps) viennent se cumuler, telles que la prise de stimulants, d'anxiolytiques, d'alcools (plus de 30% des cadres d'aujourd'hui se droguent pour tenir le coup !) et autres comportements de sauvetage.

Reprendre du pouvoir sur le prioritaire exige un acte de courage.

Avant d'appliquer des processus de gestion du temps, écoutez l'entraîneur de vie :

Décide et ose
te mettre à jour
pour démarrer
avec un Y.U.P.I. !

Yeux : mets en place une vision des choses (planning global affiché, agenda annuel dépliable ou agenda électronique) pour l'avoir en permanence sous les yeux et donner du sens, une trajectoire à ton temps.

Urgent : mets-toi à jour, quitte à y passer un week-end exceptionnellement, pour revenir au point 0. Hiérarchise tes urgences (U1, U2, U3...) et demande la même chose aux personnes qui t'apportent ces "soi-disant" urgences. Un critère : est-ce un enjeu fort, est-ce une obligation de délai court et précis ? Sois "guerrier" pour te préserver des imaginaires temporels chez les autres !

Prioritaire : c'est l'espace qui est sous ta responsabilité, il dépend très peu des autres. C'est ici que tu peux regagner du pouvoir sur l'urgence et la faire reculer. En effet, plus tu prendras de temps pour te préparer, planifier, construire des relations, anticiper, te concentrer sur l'action que tu auras choisie comme prioritaire, moins tu seras submergé par la suite.

Important : moins d'enjeu, délai plus raisonnable, c'est ici que l'on se réfugie en faisant traîner les choses.

À chaque fois qu'une urgence est partie en action, à la poubelle, en délégation, pense à faire remonter aussitôt une action importante en urgence ou en prioritaire.

Votre agenda et votre bureau peuvent se structurer autour de ce modèle simple et efficient.

Pour que "cela marche", un dernier conseil : utilisez le fameux petit carton "Pareto", informez vos amis ou collègues. À chaque fois qu'ils verront ce carton posé sur votre espace, ils sauront que c'est votre temps (à vous de donner des limites) de concentration sur le prioritaire et que vous refusez toute interruption. Ceci pour être d'autant plus disponible avec eux par ailleurs !

Cet état d'esprit Y.U.P.I., bien établi, toutes les petites recettes peuvent venir renforcer votre efficience.

Ce passage servira surtout aux professionnels et personnes très actives. **Vous qui avez peut-être un vécu du temps "trop long" voire ennuyeux, qui ne "passe pas assez vite"**, servez-vous plutôt des repères de relation au temps explorés ci-dessus ou nourrissez-vous du prochain guide à paraître sur la créativité.

LES CLÉS DU TEMPS SONT EN VOUS !

Voici donc ce que l'entraîneur a concentré parmi tous les "trucs" de gestion du temps. L'expérience a montré, nous explique-t-il, que ces applications concrètes fonctionnent réellement chez ces personnes qui ont besoin d'être des athlètes du temps.

Une fois clarifiée votre relation au temps, l'entraîneur de vie vous propose un rappel par mois (ne pas mélanger les cartes avant un an d'expérimentation).

Janvier : Fais un examen objectif de ton temps et des outils permettant de l'optimiser.

Février : Détecte et gère les chronophages (maladies en "ite" : téléphonite, réunionite, interruptionite...) et affecte une durée à chaque tâche (en la réévaluant régulièrement).

Mars : Décide de finir chaque tâche. Chaque tâche en suspens continue à utiliser ton énergie !

Avril : Si je repousse un travail pénible, l'envie de l'entamer est de plus en plus réduite. S'attaquer en priorité à ce que l'on n'aime pas.

Mai : Chaque jour, sache définir précisément le YUPI (Urgent, Prioritaire, Important) pour cibler les priorités et organise un agenda pratique et réaliste. Pense à évaluer le temps consacré aux imprévus et à privilégier l'essentiel.

Juin : Oriente ton activité selon la loi de Pareto (20% des tâches ou activités produisent 80% des résultats). Concentration maximum sans interruption sur l'urgent (exemple : 1 heure par jour sans interruption dans un bon moment de concentration pour toi)... puis sur le prioritaire.

Juillet : Apprends à dire non... pour mieux dire oui. Précise tes limites, ton temps de disponibilité et utilise des messages clairs.

Août : Passe de la "réunionite" à la concertation opérationnelle. Positionne-toi clairement pour que les règles du jeu soient tenues.

Septembre : Accepte de déléguer avec clarté. Applique une délégation efficace avec une bonne préparation, un réel suivi, et fais confiance.

Octobre : Établis chaque soir un bilan de ta journée. Repars satisfait. Reviens en ordre : organise chaque matin ta journée et tes priorités.

Novembre : À toi d'inventer ton orientation :

Décembre : Sois créatif pour inventer la méthode qui sera la plus efficace pour toi. C'est celle qui marchera le mieux !

Chaque mois, précise un peu plus le point
d'amélioration en gestion du temps
correspondant, afin de l'intégrer
et de le perfectionner.
Le plaisir surgira d'une structure
bien respectée.

Puisque nous sommes "dans les temps", tu peux à présent prendre un moment pour méditer ce paradoxe :

Le changement, c'est long :
l'histoire d'une vie.
Le changement, c'est ici, maintenant,
n'attends pas une seconde de plus !

LE BON MOMENT, C'EST MAINTENANT

Oui, la dynamique de croissance est tout à la fois immédiate, tout est possible à tout moment, de façon radicale, et simultanément étalée dans le temps comme le mûrissement d'un fruit. **Cette notion est essentielle : être prêt à se modifier, à évoluer à tout instant et s'inscrire dans la durée.** J'ai une plante exotique chez moi et je suis à chaque fois fasciné de voir surgir une fleur merveilleuse de façon quasi immédiate parce que tout était prêt, parce que c'était le moment. Diverses conditions, dont nous ne sommes les maîtres qu'en partie, ont fait jaillir la vie, **comme un mot, un exercice peuvent faire éclore en nous une étincelle de conscience.**

Le bambou chinois, quant à lui, ne peut être planté qu'une fois le sol préparé et pendant quatre ans, il prend racine. La cinquième année, il se met à pousser pour atteindre progressivement 2,50 mètres. La patience est aussi nécessaire au changement.

Voilà, **vous avez tous les éléments pour déjouer cet énergivore et vous en rendre libre**. J'aimerai conclure sur une histoire.

L'entraîneur de vie prit le temps, un jour, de me conter cette histoire très révélatrice* :

"Un empereur se posait depuis longtemps trois questions :

— Quel est le meilleur moment pour chaque chose ?

— Quelles sont les personnes les plus importantes dans tout travail ?

— Quelle est la chose la plus importante à faire à tout moment ?

N'ayant eu aucune réponse satisfaisante des experts en gestion du temps qu'il avait reçus, il s'en alla visiter un ermite en haut d'une montagne. Celui-ci bêchait son jardin et ne répondit pas aux questions de l'empereur qui, finalement, prit la bêche pour l'aider de longues heures. Plus tard, un homme blessé vint s'écrouler à leurs pieds et l'empereur compatissant passa le reste de la journée à soigner l'inconnu. Ce dernier avoua qu'il avait l'intention de tuer l'empereur à sa descente de la montagne, mais que, ne supportant plus de l'attendre, il avait commis une imprudence et, surpris par la garde impériale, avait été blessé. Il implora pardon et jura qu'il consacrerait le reste de sa vie à servir l'empereur. Celui-ci accepta avec joie. Le lendemain, le souverain ne voulut pas retourner à son palais sans connaître la réponse à ses trois questions. Il trouva l'ermite en train de semer des graines dans les plates-bandes bêchées la veille. Le vieil homme se leva et le regarda :

— Mais vous avez déjà la réponse à ces questions !

---

* Inspirée d'un conte de Tolstoï.

— Comment cela ? dit l'empereur intrigué.

— Hier, si vous n'aviez pas eu pitié de mon âge et ne m'aviez aidé à retourner la terre, vous auriez été attaqué par cet homme à votre retour. Vous auriez alors profondément regretté de ne pas être resté avec moi. Par conséquent, le moment le plus important était de passer le temps à bêcher le jardin, la personne la plus importante était moi-même. Plus tard, lorsque l'homme blessé est arrivé, le moment le plus important était celui que vous avez passé à soigner la plaie, car si vous ne l'aviez pas fait, il serait mort et vous auriez raté l'occasion de vous réconcilier avec un ennemi. De la même façon, il était la personne la plus importante et soigner était la tâche la plus importante."

Rappelez-vous qu'il n'existe qu'un seul moment important, c'est maintenant. Cet instant présent est le seul moment sur lequel nous pouvons exercer notre maîtrise. La plus importante personne est toujours la personne avec qui vous êtes, celle qui est en face de vous, car qui sait si vous aurez affaire à quelqu'un d'autre dans le futur ? La tâche la plus importante est de rendre heureuse la personne qui est à vos côtés, car cela seul est la recherche de vie.

🕮 Des livres : repères bibliographiques

Quelques ouvrages complémentaires et très pédagogiques.

- Frontières humaines, Délimiter son espace vital, A. Katherine, M.A. Science et culture Montréal.
- La tyrannie de l'urgence, Zaki Zaïdi, éditions Fides.
- Question de temps, F. Délivré, Inter-éditions.
- Où trouver le temps (pertinence et humour), B.L. Halmos, éditions L'être-image.
- L'art du temps, J.-Louis Servan-Schreiber, éditions Fayard.

✉ Des adresses...

Séminaires de relation et gestion du temps :

. L'S&Co, regroupement d'experts sur tous les thèmes d'efficience personnelle et professionnelle, 1 Bld Jean Moulin 16000 Angoulême (tél. : 05.45.61.87.90).

. CSFC : Chambre Syndicale des Formateurs Consultants, 11 rue du 11 Novembre, 92120 Montrouge (tél. : 01.47.35.32.20).

Chapitre 5.

"D'abord ne pas nuire... La nature est le meilleur des remèdes !"

Hippocrate

LES NOURRITURES ESSENTIELLES : "Nourrissez votre vitalité"

LE CONSOM'ACTEUR

L'entraîneur de vie vous invite ici à prendre soin de votre vitalité : **une nutrition bien ajustée et un sommeil réparateur sont les deux plus puissantes clés de votre santé !** Nous verrons dans le chapitre suivant, qu'à partir de ces besoins fondamentaux, nous avons besoin, au-delà de "bouger", d'habiter notre corps et de "souffler". La vie actuelle, le manque de temps, la pléthore d'informations erronées, l'industrialisation galopante et les biotechnologies modernes* ont tellement perturbé notre relation au vivant que la planète commence à crier, que nos organismes se révoltent et nos consciences se réveillent. **Nous vivons aujourd'hui un véritable paradoxe : jamais nous n'avons eu autant de garanties sur ce que nous absorbons, mais jamais nous n'avons été aussi inquiets sur la qualité de ce qui nous est proposé**.

** Je parle là de l'utilisation faite par les politiques de ces biotechnologies. Les recherches dans ce sens sont utiles et légitimes.*

Des comités d'éthique pluridisciplinaires regroupant des scientifiques, des philosophes, des religieux, des sociologues, conduisent les gouvernements à faire évoluer leurs positions, comme cela a été le cas pour modifier les lois de bioéthique en 1994. Pendant ce même temps, pourquoi a-t-on pu accepter que les vaches deviennent cannibales en les nourrissant de carcasses ? Philippe Meyer, biologiste et philosophe, nous explique que le vrai problème aujourd'hui est de "transformer l'intelligence en sagesse". Nous parlions de la conscience des limites dans le chapitre 3. Sur le plan collectif, avons-nous dépassé les "bornes" ? Cette course en avant permet-elle de tout justifier et la fin justifie-t-elle les moyens ? Ces questions, chacun d'entre nous doit réellement se les poser en profondeur car **le consommateur est en définitive le plus puissant acteur du jeu**. Hier, nous n'aurions pu imaginer une telle demande concernant les produits biologiques... aujourd'hui l'offre a des difficultés à suivre. Même si cette demande est souvent fondée sur du fantasme ou de l'angoisse, elle a du sens et répond à des valeurs de vie. Comme nous l'avons signalé dans le premier chapitre, se clarifier sur ses valeurs et l'éthique qui en découle est la prémisse nécessaire pour exercer une justesse dans les actes du quotidien.

Nous rejoindrons alors cette sagesse première déposée en nous : le Bon Sens !

J'ai passé une spécialisation en nutrition en 1982, mon intérêt a été permanent depuis vingt ans pour cette discipline, qui me permet d'affirmer que c'est une de nos principales relations à la vie, que c'est une source d'émotion très puissante et une mémoire maternelle toujours présente.

La nourriture et l'amour sont intimement liés*.

Les anorexiques et les boulimiques sont chaque jour des miroirs de nos relations conflictuelles avec ces nourritures du corps et de l'âme. Le plaisir, la transgression, l'ivresse nous attirent vers le grand Tout et nous font prendre conscience de notre "manque spirituel".

Nous passons quinze années de notre vie à manger en nous mettant à table environ cent mille fois, oscillant ainsi entre liberté et répression, entre pulsion et contrôle.

La nourriture est le premier besoin fondamental, si nous n'en prenons pas soin, des dysfonctionnements organiques vont nous alerter en permanence et notre "état d'être" en sera perturbé.

Un des premiers signes concerne la sensation de se sentir fatigué, mal dans sa peau. On n'est pas au "top" de sa forme, comme on dit.

L'entraîneur de vie nous rappelle d'ailleurs ceci :

Je n'ai jamais vu une personne fatiguée, avoir l'envie d'évoluer ! Nourris-toi de la vie pour devenir un "bien-vivant".

Selon une enquête IPSOS effectuée en 2001 auprès des clients de 2478 médecins et 1191 pharmaciens, 1 Français sur 2 se sent fatigué. Dans une autre enquête, on peut s'apercevoir que 3 cadres sur 4 se sentent également en état de fatigue. Bien sûr, les causes sont diverses, mais dans les condi-

---

** Lire à ce sujet l'excellent ouvrage de Willy Pasini : "Nourriture et amour", Ed. Payot.*

tions de vie actuelles, si je n'ai pas un terrain de base "fort", je serais d'autant plus exposé avec une système immunitaire affaibli. Or, nous savons aujourd'hui que ce système immunitaire est une des clés de notre intégrité en tant que personne. Alors, donnons une "bonne terre" à ce système.

LES CLÉS DE LA VITALITÉ SONT EN VOUS !

L'entraîneur de vie va concrètement vous proposer de vous poser les bonnes questions sur votre alimentation, il fera le tri dans la pléthore d'informations plus ou moins pertinentes existant sur ce sujet. Il vous proposera une nouvelle fois ce qui "marche", ce qui a fait ses preuves ou qui semble le plus intéressant... dans l'état actuel de nos connaissances !

Ose expérimenter les clés d'une nutrition "haute vitalité" en équilibrant plaisir et respect de ton intégrité.
Tu es omnivore : mange de tout.
Mais pas n'importe quoi et n'importe comment !

Première clé **:**

Trop, c'est trop ! Gère le quantitatif

Un des premiers soucis de l'O.M.S. aujourd'hui concerne **la montée en puissance du nombre de personnes obèses dans les pays à "croissance forte"** ! La possibilité d'accéder à l'aliment "tout prêt" et sans goût trop prononcé, le fait de "lisser" les produits pour les rendre de plus en plus consommables, l'introduction de substances stimulantes du goût, a modifié considérablement les habitudes alimentaires des jeunes. Manger vite, industrialisé, en pensant à autre chose, sont **des comportements qui éloignent du "bien vivant"**. L'angoisse associée au "toujours plus" de notre société ne fait que renforcer les "couches de protection" qui nous enrobent pour défendre notre intégrité.

Qu'est-ce qui t'a-graisse ?
Combien ça pèse sur toi ?
Qu'est-ce que tu sup-portes ?

D'autres personnes sous pression vont au contraire dé-graisser, se "faire bouffer" de l'intérieur. **Est-ce une façon pour moi de m'aigrir... jusqu'à disparaître ?** Tout ceci est une réponse profonde à cette relation décalée avec la vie. L'aspect génétique n'est pas seulement en cause.

Expérimente ces quatre propositions :

- **Prends au sérieux ce qui "t'a-graisse" !** et ose prendre des décisions face à ce qui te pèse ! Va consulter, positionne-toi mieux face aux événements ou aux personnes qui te "gonflent" ou qui te "bouffent" !
- **Redeviens nomade !** À même apport nutritionnel, les peuples qui restent sédentaires subissent l'obésité et l'excès de cholestérol, alors que ceux qui partent, se déplacent physiquement y échappent. Concrètement, mets-toi en marche, retrouve le mouvement. L'exercice le plus efficace : marcher, monter et descendre d'un pas alerte toutes les marches des escaliers que tu peux rencontrer !
- **Sois gastronome**. Tous les spécialistes en nutrition sont aujourd'hui d'accord sur un point : il

n'y a pas de méthode miracle, ni de régime efficace à long terme. Certains sont même sources de prises de poids et de dérèglements organiques. Enlève toute obsession alimentaire, le bon sens avait encore une fois raison. **Libère les cinq sens**, réapprends à toucher l'aliment, à admirer ses couleurs, à l'écouter cuire, gargouiller, à le sentir dans ses multiples arômes et surtout **prends le temps de le goûter avec plaisir.** Des grands cuisiniers ont eu l'idée géniale d'inviter régulièrement des enfants pour "ouvrir" leur sens gastronome. Des présentations belles et originales pour le plaisir des yeux font que les enzymes digestifs sont déjà en piste ! Des mets préparés avec goût dans une ambiance paisible et conviviale permettent que l'assimilation se fasse naturellement. Le gastronome ne mange pas beaucoup, il se régale avec tous ses sens qui, ainsi stimulés, l'informent également du **"stop !" organique**. L'exercice le plus efficace ? Reprends plaisir à faire toi-même la cuisine et sois créatif !

- **Ne donne pas ta langue "au chat" !** Ta langue est un outil précieux si tu sais l'écouter. Ne te mets plus en colère quand ton enfant ne veut pas finir son assiette, la plupart du temps, ce sont des petits récepteurs placés sur la langue qui l'informent de la saveur "saturée". Il peut par contre entamer un nouveau plat qui le nourrira différemment en petite quantité, c'est à lui d'en redemander, si nécessaire. L'exercice le plus efficace **? Écoute ta langue et ta sensation ventrale !** Ton nez, si tu fermes les yeux, réveillera ton instinct, en humant ce qui te plaît.

Deuxième clé

La qualité : change de conditionnement, gère la qualité en gardant plaisir et santé.

Ici se trouve le lieu de toutes les polémiques. Les choix qui suivent sont, avec beaucoup de recul, assumés et vérifiés au quotidien. L'entraîneur de vie répond ici aux questions les plus fréquemment formulées sur chaque catégorie d'aliments en cherchant à ne donner que le plus simple et le plus essentiel à retenir et à mettre en œuvre. Nous verrons ce qui pose le plus de polémique, ce qui est le moins clair. Les aliments à fibres, fruits, légumes, crudités seront peu abordés tant c'est aujourd'hui une évidence que leurs bienfaits ne sont plus contestés. Nous nous orienterons, pour une information pertinente et concrète, vers les travaux du Docteur Weil (diplômé de Harvard et directeur du Centre de médecine, intégré à l'université de Tucson, Arizona), du Docteur Soulier sur le sens psychobiologique de l'alimentation et à la synthèse efficace produite par Marion Kaplan, après avoir étudié auprès des plus grands spécialistes de la nutrition.

Entrons donc dans la grande alchimie qui nous transforme chaque jour un peu plus :

Tu es au centre de ce que tu prends, de ce que tu gardes et veux bien redonner !

- **Vérifie que ton aliment soit "vivant" et respecté.**

Malgré certaines communications parachutées par des organismes "influents", il faut admettre aujourd'hui qu'**un aliment auquel on a enlevé ou ajouté le moins possible d'éléments extérieurs est plus porteur de nutriments vitaux**. Un professeur de Montpellier interrogé récemment à la télévision a décidé d'effectuer des mesures précises en toute indépendance sur les aliments dits "biologiques". Il répondait simplement à ses patients, qui se demandaient après avoir subi des problèmes cardiaques, si une meilleure alimentation pouvait les aider. Ses résultats ont été concluants ! Les aliments respectés dans leur nature sont plus porteurs de vitamines, minéraux et autres substances bio-actives favorables à l'état de vitalité. Je n'insisterai pas sur ce sujet tant cela paraît une évidence. Les recherches à venir le démontreront. Les agriculteurs, les éleveurs, commencent d'ailleurs à retrouver leur "bon sens". **Ce qui est grave, c'est la culpabilisation exercée sur les consommateurs en leur faisant croire que seule l'industrialisation agro-alimentaire et les biotechnologies peuvent, seules, sauver la planète de la faim**. Bien sûr, d'autres solutions respectueuses du vivant existent, mais sont moins conformes aux ambitions des actionnaires ! L'aliment est aussi une énergie*. Le principe serait le suivant : pour qu'un aliment soit "accepté", absorbé, trié, et donne le meilleur de lui-même, il doit être en "accord", en résonance vibratoire, le plus proche de l'état de santé, soit proche de 7000 angströms. Mieux, **tout aliment supérieur à cette vibration, entre 7000 et 10000 angströms nous entraînerait dans une acceptation optimale de l'aliment et un surcroît de vitalité personnelle.** Une personne fatiguée ou malade chutera autour de 4000 angströms, comme par hasard au niveau vibratoire des aliments "non rayonnants". Ces aliments, s'ils participent à la construction des tissus

** Travaux de l'ingénieur André Simoneton. Traduction physique qui permet d'établir le curseur énergétique d'un aliment entre 0 et 10.000 angströms (unité de longueur employée en microphysique valant un dix-millième de micromètre).*

et à notre métabolisme, ne répondent plus à l'exigence énergétique nécessaire en terme qualitatif. C'est le cas de la plupart des conserves, des aliments mal ou trop longtemps conservés, des produits non respectés. Les grandes maladies de civilisation, comme certains cancers, placent l'individu en vibration basse (3/4000 angströms).

Peut-on en déduire que si l'alimentation globale d'une personne est en sous-vitalité (3 à 5000 angströms) permanente, celle-ci se mettra au "diapason", en résonance, petit à petit avec la maladie du même niveau vibratoire ? À suivre...

Le bon sens nous fait simplement observer que la vie et l'énergie traversent la matière. Il s'agit donc de les préserver pour se "sentir en forme". Afin d'être sur la bonne longueur d'onde avec votre nourriture, André Simoneton propose une alimentation très variée. Nous retiendrons la fraîcheur des aliments, un mode de cuisson à la vapeur et la diminution des substances "mortes" : conserves, café, alcool, charcuteries.

- **Retourne à la source, boire est aussi tout un art !**

Nous pouvons rester plusieurs semaines sans manger mais seulement quelques jours sans boire !* Donnons donc la priorité à l'eau, vecteur essentiel de notre bonne forme. C'est la boisson idéale de l'être humain.

La moitié de notre capital hydrique se renouvelle en dix jours. Notre besoin est de 1 à 3 litres (6/8 verres) par jour : 1 litre apporté par l'alimentation solide et 1 à 2 litres par les boissons. Encore une fois, chaque personne doit apprendre à

---

* *Inspiré des travaux du Dr Bérengère Arnal-Schnebelen sur l'eau.*

gérer l'équilibre dépense/apport hydrique. En climat tempéré, les pertes d'eau sont de 0,5 litre par la peau, 0,3 litre par les poumons, 1 litre par les urines environ et 0,1 litre par les selles.

10 à 15 litres de liquide circulent en permanence dans l'intestin. Cette eau diffuse d'autant mieux, à travers les parois, pour hydrater l'organisme, qu'elle est pure. **Le thé a tendance à déshydrater ainsi que le café et les sodas car cela demande un appel d'eau supplémentaire au niveau intestinal pour mieux les diluer. Boire en grande quantité et surtout trop en une prise perturbe notre organisme.** La possibilité de notre tube digestif n'est que de 0.8 litre par heure. La réhydratation cellulaire est progressive, n'attends pas d'avoir soif, critère peu fiable. **Si tes lèvres sont légèrement sèches tu es déjà en déshydratation**. Bois avant et un peu plus. La température idéale est de 15°. Bannis la mode américaine des boissons gelées qui "spasment" le pylore et perturbent la digestion. Attention, sept heures après l'ouverture d'une bouteille d'eau, boire au goulot fait que les germes de la bouche commencent à se développer, risquant de transmettre l'herpès labial. En terme de contamination, à ce jour, certains scientifiques se posent la question de la transmission de l'E.S.B. par l'eau du robinet et les nappes phréatiques. **C'est un principe de précaution personnel que de favoriser la consommation d'eau puisée en amont et de bonne qualité**, telles les eaux volcaniques du "Mont Roucous" et de "Volvic" (Rh/Ph et minéraux) qui **gardent une trace énergétique de leur provenance**. Un petit truc pour améliorer une eau : "ajoute quelques gouttes de jus de citron à ton eau et expose-la quelques minutes au soleil dans une bouteille en verre avant de la consommer". Elle ne sera pas que "potable" mais

aussi consommable et porteuse d'énergie dans ton organisme.

L'entraîneur de vie te propose un rythme d'assimilation optimum de l'eau :

Bois un verre d'eau,
une demi-heure avant les trois
principaux repas (cela évite que le sang
ne se concentre trop vite après l'ingestion
d'aliments, il devrait alors préserver de l'eau
sur les cellules voisines).
Évite de boire en début de digestion.
Prends un verre deux heures et demie
après chaque repas et un verre au coucher.
Bois lentement ces verres
pour hydrater progressivement.

Lorsque l'afflux massif de polluants dépasse la capacité d'épuration des cellules, ces substances accumulées perturbent l'organisme. Cela se traduit par de la fatigue, de la nervosité, des crampes et un sommeil perturbé. L'organisme est en acidose. La fatigue est un signe d'alarme qui nous avertit d'un épuisement de nos réserves et de la surcharge d'éléments nocifs. Les organes ont besoin de se "laver" et de retrouver leur dynamisme. Bien boire "défatigue" et participe largement à notre vitalité. Toute notre santé est concernée par l'eau. Toutes les autres boissons sont liées à un plaisir particulier et ont toutes un "revers de la médaille", c'est à chacun de trouver sa juste mesure et d'écouter son organisme. Il n'y a pas de règles absolues en ce domaine. Le café par exemple, est vraiment nocif pour toute une catégorie de personnes sensibles à la caféine (nervosité, maux de tête…) alors que certaines le métabolisent très bien. En terme de vitalité, tu verras que tu pourras facilement remplacer tous tes excitants habituels, ainsi que tes croyances, par des substances beaucoup plus bénéfiques et source de plaisir pour ton organisme.

- **Arrête de te "sucrer", choisis bien tes douceurs !**

"*Le sucre donne de l'énergie, mangez du sucre* !" Cette croyance est encore bien présente dans nos esprits.

Le comité du Sénat pour la nutrition, aux États-Unis, a enfin admis la vérité. Cela se passait en 1963, le but était de faire cesser toute confusion entretenue par l'industrie sucrière entre le terme "sucre" et "hydrate de carbone". Les messages publicitaires faisaient du **sucre un élément nutritif essentiel, ce qui fut démenti**, cette assertion était non seulement sans fondement mais trompeuse. Les marchands de sucre ont adhéré dans ce sens, mais l'information était trop ancrée chez les consommateurs. Voyons en face la situation ! En France, la consommation de sucre a triplé en vingt ans pour les moins de 25 ans **et un adulte en ingère en moyenne 37 kg par an, un Américain 45kg et un Australien 52 kg.** Nous parlons là des sucres dits d'assimilation rapide que nous trouvons dans le sucre blanc essentiellement (sucrose), ce sont les plus pervers pour l'organisme. Le sucre raffiné possède **les principales caractéristiques d'une drogue** : en plus du plaisir procuré, il entraîne **un besoin, une dépendance et surtout une accoutumance physiologique et psychique.**

Ces types de sucre ne sont pas transformés en énergie immédiatement et élèvent ainsi le taux de **glycémie**. L'excès d'insuline qui en résulte attaque le sucre du sang et provoque une hypoglycémie, donc un manque, un désir qui **pousse à consommer, à nouveau... du sucre** ! Cela entraîne également un **déficit cérébral en sérotonine** et les expériences du Dr Wurtman démontrent une influence sur les désirs boulimiques ou compulsions glucidiques. Sans compter également sur le ressenti des personnes dépressives qui associent le sucre à un revitalisant voire un antidépresseur. **Le sucre n'est pas toujours apparent !** L'O.M.S. recommande de ne pas dépasser 50 grammes de sucre par jour (ce qui est déjà énorme !), un enfant en absorbe jusqu'à 120 grammes avec son litre de soda ou autre boisson sucrée.

Le premier consommateur de sucre est l'industrie alimentaire. Tous les produits "modernes" sont plus ou moins imbibés de sucre.

Le deuxième consommateur ? L'industrie du tabac ! Sous couvert des fameux "agents de saveur et de texture", vous trouverez 5% de sucre dans le tabac brun, 10% dans le blond, 20% dans les cigares et jusqu'à 40% dans certains tabacs pour pipe sous forme de mélasse.

Bien sûr, la consommation de tabac blond progresse en France, puisque l'effet dépendant du sucre s'ajoute à celui du tabac.

Nous devenons fatigués et dépendants, alors il est difficile d'exercer notre liberté et notre énergie créatrice !

Le troisième larron de l'histoire est l'industrie pharmaceutique qui nous fait "avaler la pilule"... en l'enrobant de sucre : 43.000 tonnes en 1990. Tout ceci fait que 20 à 30% des calories ingérées proviennent des sucres nocifs. Ils sont cliniquement purs, or leur assimilation nécessite la présence de chrome et de vitamine B, entre autre.

Le corps doit donc puiser dans ses réserves de vitamines et de minéraux. Si tes réserves sont faibles (c'est presque toujours le cas), le déséquilibre est créé et une déficience chronique s'installe : fatigue, déminéralisation, acidose, accroissement des triglycérides et du mauvais cholestérol, hypertrophie du foie, artériosclérose, favorisant les affections coronariennes.

Le corps mobilise ses réserves de calcium (os, dents). Aux États-Unis, 98% des enfants sont atteints de caries dentaires et un enfant sur deux présente des symptômes liés à l'obésité. En France, les chiffres augmentent rapidement.

Alors, choisis tes douceurs et relève le niveau de ta vitalité.

L'entraîneur de vie va nous guider dans le "bon sens" :

Continue à te donner de la douceur, sans te faire chaque jour violence !

Il serait tout aussi dangereux d'abandonner sans contrepartie "ton" sucre**. La saveur douce est essentielle au métabolisme général de la digestion**. Elle participe à ton équilibre psycho-affectif. Si tu cesses de consommer les sucres industrialisés et raffinés, sache que tu en consommeras toujours grâce aux "sucres cachés". Tourne-toi vers les sucres complexes et les hydrates de carbone.

Les fruits secs sont une mine d'énergie, saine et rapide, favorable à la santé. D'après les sources de l'Institut scientifique alimentaire, j'ai pu relever la combinaison optimale : si tu consommes (une ou deux poignées par jour) de manière complémentaire des abricots secs, des bananes séchées, des figues séchées et des amandes, ton capital énergie, vitamines et minéraux sera équilibré. Veille à la provenance et aux traitements subis par ces aliments. **Les certifications biologiques (AB – Ecocert) sont très sérieuses**. Sache que **les fruits frais**, qui sont à consommer en saison, sont moins riches en nutriment que les fruits secs, mais **apportent une "eau" idéale**. C'est la combinaison à utiliser pour la pause de 10h/11h ou 16h/17h ou encore au petit déjeuner, ou en dessert.

Les céréales et les féculents sont des apports essentiels à une bonne vitalité. Vérifie que ton organisme soit en "affinité" avec cette catégorie d'aliment. Si ce n'est pas le cas, favorise la consommation de riz, de quinoa et de pommes de terre. Ne pas confondre allergie et mauvaise relation de l'organisme avec une catégorie d'aliment, liée à notre terrain de base et à notre propre histoire. Certains médecins homéopathes ont une méthodologie très précise pour déterminer ces "affinités" alimentaires.

Le riz semi-complet biologique est un aliment qui "recentre" et qui est extrêmement bien toléré. **Le quinoa** est une merveilleuse céréale sans gluten, la plus complète en apports nutritionnels, et excellente au goût. **Découvre ce concentré d'énergie, c'est un sucre lent qui délivrera ses bienfaits en "douceur". Quant aux pommes de terre**, c'est un véritable pansement gastrique qui complète bien les céréales quand on les alterne dans l'alimentation quotidienne. Elles sont riches en vitamine C et autres minéraux quand elles sont "bio" et cuites à la vapeur, n'hésite pas à en consommer.

Les autres hydrates de carbone et sucres lents seront pris avec parcimonie et par plaisir.

Le "truc" de l'entraîneur de vie :

Favorise ton sommeil, ta récupération et prépare l'effort du lendemain. Consomme des glucides lents le soir avec une bonne salade verte. La laitue est riche en matière opiacée (opium), elle favorise une bonne nuit !

Selon le Dr Olivier Soulier, les glucides et les sucres représentent notre niveau d'autonomie au niveau psychologique. Passé la dépendance de la douceur maternelle, nous serions capables de produire par nous-mêmes nos propres ressources à partir des protéines et des graisses. Le changement et la progression des choix alimentaires chez un individu sont liés à son processus d'autonomisation.

- **Un "pis aller" : le lait et sa blancheur trompeuse**

Grande nouvelle : "*Nous ne sommes pas des veaux*" ! Plus sérieusement, **l'estomac humain adulte ne contient pas la présure qui, dans l'estomac du veau, permet de cailler le lait**.

Il nous faut donc fabriquer de la lactose en quantité ou élever notre température. La non-digestibilité du lait va nous demander un surcroît d'énergie. Ce sera la porte ouverte aux fermentations, dérèglements de la flore intestinale et aux encrassements tissulaires. Notre énergie vitale est, là encore, loin d'être préservée ! Le lait... et le fromage sont des aliments qui arrivent en fin de chaîne alimentaire. Ils concentrent tous les pesticides, insecticides et antibiotiques absorbés par la vache dans ses cellules lipidiques. Cette concentration excessive (beaucoup plus importante que des végétaux traités chimiquement) est une des sources du dérèglement hormonal qui sévit aujourd'hui dans les pays industrialisés. La présence d'hormones spécifiquement bovines renforcées par les autres polluants (qui amènent le veau à peser 200kg à 6 mois) est suffisante pour perturber notre information hormonale via l'hypophyse.

Le bébé se dérègle ainsi pour longtemps car tout ceci est de l'ordre de "l'information" et n'est pas lié à la quantité de lait absorbé mais à la nature même du lait de vache. L'homme bombardé par un excès d'œstrogènes verra sa fertilité baisser et les risques de cancer des organes génitaux s'accroître. L'O.M.S. a poussé un cri d'alarme sur ce problème qui concerne à long terme la pérennité de l'espèce. Nous n'en sommes pas là, cependant les médecins constatent une augmentation du nombre de consultations liées aux problèmes de fertilité. Alors, me diras-tu : "*On nous a dit que c'était là notre apport essentiel de calcium !*". C'est vrai ! Les laitages et le fromage apportent énormément de calcium... beaucoup trop et peu assimilable. Cet excès de calcium inhibe l'action du magnésium, affaiblissant ainsi les cellules nerveuses et musculaires. Résultat, qui ne fait pas régulièrement sa petite cure de magnésium, aujourd'hui ? Il est également trop riche en phosphore, cela contribue au dérèglement des "balances" minérales. **L'organisme arrive toujours à se rétablir... au prix de la fatigue**. L'organisme d'un bébé privé de lait maternel et consommant du lait de vache ne disposera pas de l'information correcte pour fabriquer son osséine. Il semblerait que le calcium du lait de vache soit difficilement assimilable par l'humain et aurait tendance à créer des excès minéraux que l'organisme doit sans cesse compenser en puisant dans ses réserves et en fatiguant son foie. La surabondance en acides gras saturés du lait de vache, en acide lactique et en œstrogènes induira un terrain "sur-informé" (le lait maternel lui, est composé essentiellement de bons acides gras polyinsaturés et des bons anti-corps). Notre problème est moins la sous-nutrition que les problèmes d'excès et d'équilibre qui mèneront à l'affaiblissement immunitaire de l'organisme.

Qu'en pense notre entraîneur de vie et quelles orientations concrètes prendre ?!

Ton lait te rassure et réveille une mémoire maternelle. Garde le symbole mais change de support.

Concrètement, **le lait d'amande** (liquide ou en poudre) est une excellente source de calcium assimilable et excellent au goût. Tu peux en boire largement, l'organisme le tolère parfaitement. D'ailleurs les bébés l'adoptent aisément pour prendre le relais du lait maternel. Tu peux alterner avec **le lait de soja, enrichi en calcium.** Nous trouvons du calcium assimilable dans l'amande, les fruits de mer, les sardines en boîtes avec leurs arêtes, les légumes verts à feuilles, le chou, le brocoli et le persil. **Le sésame** et certaines préparations à base de soja sont aussi une bonne source de calcium. **Un apport de calcium trop important est inoffensif et même relaxant.** N'hésitez pas à faire des cures ponctuelles de calcium marin bio-assimilable. La suppression des produits laitiers, d'après le Dr Soulier, est efficace contre l'eczéma (maladie de la séparation), dans toutes les pathologies O.R.L. (adaptation à l'environnement), surtout récidivantes, et dans les pathologies inflammatoires chroniques.

Tout ceci laisse à supposer qu'il persiste un conflit conscient ou non avec l'image maternelle.

Le conseil de l'entraîneur de vie pour votre quotidien :

Garde le plaisir de ce rapport maternel. Au fur et à mesure de ton autonomie, remplace le lait par des laits végétaux, consomme des fromages de chèvres ou brebis en petites quantités (si ta santé est bonne et ton terrain non allergique) ainsi que des yaourts ou fromages blancs ponctuellement (brebis). Petit à petit tu trouveras simplement ton calcium à partir des autres composantes de ton alimentation, tu seras "sevré" et adulte.

- **Les protéines pour "aller de l'avant" !**

Le mot agressivité vient de "*ad gresso*" : aller de l'avant vers ses objectifs, son identité, son projet. Pour cela, une certaine dose de combativité est nécessaire. Le Dr Soulier a remarqué que les enfants qui aiment se bagarrer préfèrent la viande aux légumes. C'est, dit-il, un aliment de conquête et de structuration.

La viande rouge est l'aliment de l'action. Gérons cet apport en fonction des périodes de vie et avec parcimonie. En effet, sur un autre plan, l'organisme se met en état de défense (hyperleucocytose) dès que nous avalons de la chair animale et... a tendance à se fatiguer dans cette réaction, comme si un intrus indésirable s'attaquait à nous. Est-ce à ce prix que nous aurions un surcroît d'agressivité ? De toute façon, consomme de la viande biologique ou labellisée en variant au maximum les différentes "énergies" animales.

Aujourd'hui, le problème de la viande est surtout d'ordre qualitatif. Les insecticides s'accumulent dans les graisses tout au long de la chaîne alimentaire, ainsi que les résidus hormonaux, les effets des vaccinations et les additifs alimentaires s'ajoutent à notre menu. Ces informations "travaillent" notre système biologique, plus que la viande elle-même. Les viandes traitées et les poissons contiennent des dizaines de fois plus d'insecticides que les végétaux ! Pour notre vitalité, oeuvrons pour une agriculture respectueuse de l'humain.

Le poisson n'échappe pas à ce processus, ni les fruits de mer. Lorsque la qualité a été vérifiée, ce sont de merveilleux aliments protéinés. Les peuples mangeurs de "fruits" de la mer ont un taux de mortalité largement inférieur aux autres populations axées sur la viande animale. C'est le cas du Japon.

Il semblerait que l'association protéine assimilable, minéraux, vitamines et acides gras oméga 3 contenus dans ces aliments permettrait une excellente "protection" de l'organisme à un grand nombre de maux de civilisation. Tu peux consommer ce type de protéines tous les jours sans inconvénients si elles sont de qualité. Le tableau ci-après est extrêmement instructif.

Observe comment les cultures qui s'orientent vers la consommation de poissons, d'huiles végétales, fruits et légumes, augmentent leur niveau de santé et de longévité. Au contraire, les cultures grandes consommatrices de viandes, graisses animales, produits laitiers, font croître le nombre de leurs maux pour une longévité plus courte. Ce tableau serait encore plus parlant si on avait pu distinguer les produits industrialisés consommés ou les produits biologiques, ce qui est encore impossible à vérifier.

Consommation par type d'aliments

(en kg, par personne et par an, en 1995)

	Huiles végétales	*Huiles et graisses animales*	*Fruits et légumes*	*Viandes*	*Poissons*	*Produits laitiers*	Mortalité par maladie cardio-vasculaire *(pour 100 000 en 1995)*	Mortalité par cancer *(pour 100 000 en 1995)*	Longévité *(hommes/ femmes)*
Japon	12,0	2,1	166,4	43,2	71,2	68,7	110,0	106,0	77/84
France	16,5	18,1	221,6	96,8	28,3	262,4	108,0	131,0	74/82
Royaume Uni	16,0	9,4	171,5	73,5	20,2	222,6	193,0	137,0	74/80
Espagne	26,9	4,0	251,6	99,6	37,3	161,4	143,8	120,8	74/80
Pays-Bas	17,0	8,2	224,4	86,4	14,4	340,0	160,8	136,7	74/80
Norvège	13,2	16,5	178,4	59,4	61,3	265,4	174,4	121,7	73/80
Etats-Unis	24,4	6,5	237,0	118,4	21,7	254,9	188,0	131,0	73/79
Mexique	11,5	3,7	145,7	44,9	10,3	99,8	174,7	81,2	69/74
Hongrie	14,3	25,6	164,1	87,7	4,5	160,8	369,9	191,9	64/73

9 pays sont ici classés dans l'ordre de longévité décroissante. Les chiffres les plus favorables sont indiqués sur fond gris. Les plus néfastes sur fond noir. Le rôle de l'alimentation est manifeste : une alimentation conforme aux préceptes des nutritionnistes (beaucoup d'huiles végétales, de fruits et légumes et de poissons, pas trop de graisses, de viandes et de laitages) induit généralement une durée de vie plus longue. Ainsi, le Japon, champion de la durée de vie, est aussi le pays qui se nourrit le mieux. Sources : FAO et OMS. *Extrait du nouvel observateur août 1998*

Quant à l'œuf, protéine de référence, lorsqu'il est issu d'un élevage de plein air biologique, il vous apportera plusieurs fois par semaine tous ses bienfaits. **L'œuf enrichi aux algues marines lors de l'élevage t'apportera en outre de l'oméga 3 utile si tu n'aimes pas les poissons gras**.

Les légumineuses (haricot, lentille surtout) sont de bons compléments protéiniques mais ces glucides sont souvent indigestes (flatulences). Par contre, le soja mérite de l'attention. Très riche en protéines, il contient aussi une excellente huile avec quelques oméga 3. Il possède des isoflavones, composés rares, dont les effets hormonaux sont très protecteurs dans certains cancers, c'est un excellent précurseur hormonal pour femme dans le passage de la ménopause. Sa souplesse d'utilisation et la variété de ses applications culinaires en font un aliment du quotidien, à la fois sain et répondant à l'alternative de la protéine animale "traitée".

L'entraîneur de vie t'invite à nourrir ta vitalité pour "aller de l'avant" :

***Garde l'énergie animale dans les périodes conquérantes de ta vie.
Diminue la quantité et augmente la qualité en variant les espèces. Favorise l'équilibre, poisson, fruits de mer, œufs, soja, accompagnés de fibres vertes (légumes sauvages, feuilles vertes) et d'oléagineux pendant les pauses.
Au fur et à mesure de ton processus d'autonomie, tu redescendras la chaîne alimentaire en laissant l'inquiétude "d'avoir assez de protéines" pour "y arriver" !***

- **Les lipides ou comment faire de la "bonne graisse" ?**

D'après le Docteur Weil, "*le type de matières grasses que vous consommez a une grande influence sur votre santé et sur votre longévité*". C'est également un élément important pour maintenir la vitalité de notre cerveau et du bon fonctionnement de nos neurones. Comme dans les autres aliments, c'est encore "l'effet transformation" qui frelate les lipides et leurs qualités protectrices. 30% de matières grasses, avec 60 à 80 grammes de lipides minimum par jour, sont une ration suffisante, sauf cas extrême (exposition au froid, forte demande intellectuelle, période de protection). C'est surtout la qualité et la variété de ces apports qui nous intéressent.

Le Docteur Weil affirme que les graisses dites saturées sont les grandes responsables des maladies cardiovasculaires, en particulier celles de la viande et des laitages, aliments absents de l'alimentation traditionnelle asiatique où l'infarctus est très rare.

Pendant l'occupation allemande, nous avons assisté à une chute impressionnante des maladies coronariennes et autres maux de civilisation, en raison de la rareté des produits animaux. La paix revenue, les décès pour cause d'infarctus furent de plus en plus nombreux !

Voilà le plus étonnant de l'histoire : dans certaines régions d'Italie, d'Espagne et de Grèce, les gens mangent des quantités comparables de lipides et sont en bonne vitalité avec un taux très faible de maladies dites de civilisation. 40% des calories consommées par les Crétois sont des lipides, pourcentage équivalent à celui des Américains et des Écossais !

Le Dr Weil démontre bien que **ce n'est pas la quantité de graisse qui est en cause**, comme les scientifiques l'ont cru pendant longtemps, **mais le jeu fragile d'équilibre entre les différents types d'acides gras**. Plus l'apport en acides gras saturés est fort, comme c'est le cas dans l'alimentation quotidienne européenne, plus tu dois faire attention à l'apport d'acides gras essentiels mono-insaturés (huile d'olive des pays à régime dit "crétois") et à l'équilibre oméga 6/oméga 3. Pour mieux comprendre, prends le temps d'étudier le tableau récapitulatif que ton entraîneur de vie a "concocté" pour toi.

Pour illustrer la facette qualitative liée aux corps gras, remontons au paléolithique, lorsque nos ancêtres consommaient de grandes quantités de produits animaux (acides gras saturés aujourd'hui nocifs). Ces graisses regorgeaient d'acides gras oméga 3 provenant des herbes sauvages et d'autres végétaux présents dans leur alimentation. Les scientifiques estiment que ce régime fournissait en proportion à peu près égale de l'oméga 3 et 6. De nos jours, l'alimentation des animaux élevés pour leur chair n'a plus rien de naturel. On les engraisse avec des céréales (maïs traité ou transgénique...) qui fournissent de l'acide linoléique (oméga 6) mais pas d'acide linolénique (oméga 3). Ce déséquilibre à la source est un non-sens et cause une dévitalisation et une mortalité croissante, due non pas à l'excès de graisse, mais au manque de substances protectrices absentes dans l'aliment et à des équilibres nutritionnels artificiellement transformés.

Si on ajoute les huiles végétales hydrogénées du commerce et les margarines qui représentent la grande partie de notre consommation en graisse, la carence en oméga 3 apparaît de façon flagrante. Par rapport à nos ancêtres, nous sommes passés à un rapport de 20/1 à 40/1.

En avril 1999, enfin, le N.I.H. (National Institute of Health) a décrété, après consensus des experts, **l'urgence de réduire les apports en oméga 6 et d'augmenter l'oméga 3, y compris chez le nouveau-né. Ils déclarèrent que ce changement était essentiel au bon fonctionnement cérébral et cardiovasculaire, à la protection du système nerveux et à la santé mentale en général.**

Les spécialistes en nutrition des années 50/60 ont recommandé la consommation d'huiles végétales polyinsaturés (huile de tournesol par exemple et margarine végétale) pour se protéger des effets nocifs des graisses.

Le taux de cholestérol fut diminué... ainsi que le taux du "bon cholestérol". En effet, ces acides gras sont la cause du mauvais rapport oméga 6/oméga 3 et s'attaquent ainsi au cholestérol bénéfique à notre santé. Encore une fois, regarde bien le tableau d'équilibre des forces mis en place par ton entraîneur !

N'hésite pas à déguster ces nouvelles graisses essentielles à ton équilibre :
En apéritif, régale-toi avec de bonnes graines de courges, de lin ou de tournesol à la place des cacahouètes.
En entrée, un avocat bien mûr.
En plat principal un excellent saumon des mers du nord au champagne (sardine, maquereau, hareng 3 à 4 fois/semaine).
Un dessert à base de soja, chocolat noir et noix pourra compléter ce festin (bien sûr, l'important est d'introduire un ou plusieurs de ces mets dans votre quotidien et pas forcément ensemble).

L'ESSENTIEL À RETENIR POUR ÉQUILIBRER LES ACIDES GRAS ESSENTIELS

Apport 30% de matières grasses (santé optimale) provenant d'une agriculture biologique.

Équilibre idéal à respecter :

A.G.S.	**A.G.M.I.**	**A.G.P.I.**
(5% des calories) Acides gras Saturés	(20% des calories) Acides gras Mono-insaturés	(5% des calories) Acides gras Polyinsaturés

À augmenter :

- Produits laitiers allégés (plus de brebis et chèvre) - Beurre cru bio - Viandes bio -Volaille sans peau	Huile d'olive Huile de colza Cuisson et salades	Huile de noix Huile d'onagre (Garder au frais et consommer rapidement

↔ **À équilibrer**

À diminuer :

- Beurre, crème, fromage de vache - Viandes grasses porc, mouton	Huile d'arachide	Huile de tournesol Huile de carthame

À éliminer :

Huiles et margarines de palme et coco	Huiles partiellement hydrogénées Huiles frites

A.G.P.I. : ACIDES GRAS POLYINSATURES peu synthétisables par l'organisme : SOURCE DE VITAMINE K

Le rapport oméga 3/oméga 6 est essentiel : la consommation d'oméga 3 doit être égale ou supérieure à la consommation d'oméga 6 dans l'équilibre des graisses.

Oméga 6 → **Acide linoléïque**	**← Oméga 3** **Acide linolénique**
Bons oméga 6 (40%)	**Bons oméga 3 (60%)**
Huile de pépins de raisin	*Huile de noix*
Volaille (sans peau)	*Œufs bio*
Beurre cru biologique	*Hareng, maquereau, sardine, saumon (sauvages)*
Œufs bio	*Graines de courge et de lin*
(le reste de l'alimentation en contient largement)	*Noix*
	Avocat
	Soja
	Chocolat noir au beurre de cacao

À retenir :

La santé optimale (voir régime crétois) est d'autant plus stimulée qu'elle est nourrie en priorité d'acides gras essentiels mono-insaturés et d'un bon rapport oméga 6/oméga 3.

"Bon cœur, bonne tête tu auras en huilant correctement ta Vie !"

Sur un plan psychobiologique, les lipides ou graisses sont notre "mise en stock" d'énergie avec les glucides. Un bon équilibre graisses/glucides est très important. Notre croyance, explique le Dr Soulier, est que nous pourrions manquer un jour, nous accumulons "au cas où". Il n'y a pas de lien réel entre obésité et envie de graisse. La clé est la peur de manquer et d'être abandonné. Il semblerait qu'une hormone, la leptine, gèrerait une réserve en cas d'allaitement chez la femme en période de famine. En excès, elle traduirait une angoisse d'abandon, mémorisée à cette période et toujours active plus tard. Cet amas de graisse en réserve nous protègerait par... une culotte de cheval !

Dans un monde non idéal, confronté à des stress artificiels en permanence, l'organisme est sans cesse stimulé dans ses capacités d'adaptation.

Lorsque nous sommes dans le bonheur total... tout passe. Si tu n'es pas dans ce cas, je t'invite à te préserver un peu. Cette hygiène, cette attention du quotidien, t'apporteront, sans être des recettes miracles, l'"engrais" dont parfois nous manquons pour faire face aux intempéries de la vie.

RETENONS L'ESSENTIEL

Les tableaux résumés de votre entraîneur de vie vous donneront le bon tremplin pour démarrer. Une alimentation attentive (et non pas restrictive) nous amènera face à nous-même, à nos choix d'adulte. Elle nous permettra de trouver la vitalité pour faire les bons choix dans la vie. C'est un outil de transformation très puissant.

Au rythme des saisons

L'entraîneur de vie vous propose quelques points de vigilance selon chaque saison, ainsi qu'une complémentation ajustée et vérifiée (sérieux du produit et efficacité). Ceci viendra en complément d'une nutrition haute vitalité schématisée dans le tableau final). À partir de ces grandes lignes, seul un nutritionniste pourra personnaliser les substances nécessaires à votre âge, type de vie, aux pathologies spécifiques liées à l'alimentation. Ces indicateurs donnés par l'entraîneur de vie sont vérifiés par l'expérience et concernent les personnes qui ne présentent pas de pathologies particulières. Si c'était le cas, un avis médical serait tout à fait indiqué.

Printemps

Mange des légumes et crudités qui vont nettoyer ton organisme, drainer le foie et la vésicule biliaire. Favorise la saveur amère : pissenlit, artichaut, épinards en salade... toutes les jeunes pousses vertes, les poissons gras avec des légumes racines (carottes, pommes de terre...), l'huile d'olive et le thé vert.

Protége-toi du vent, des courants d'air pendant toute cette saison.

Complémentation : fais une cure d'"hygiaflore" pour relancer le système intestinal, consomme de la spiruline (comprimés en magasin diététique), une algue aux propriétés expérimentées et aux multiples bienfaits (pour les femmes au moment des menstruations : complexe fer à la spiruline).

Envisage une cure de "Fortistim®" permettant de s'adapter au changement de saison et de favoriser le dynamisme intérieur, complexe de substances adaptogènes stimulantes et protectrices.

Prends régulièrement de la vitamine C naturelle acérola et bioflavonoides pour optimiser tous les processus organiques.

Tu trouveras tous ces produits en magasins diététiques ou dans certaines pharmacies.

Été

Mange des mets colorés, juteux (apports de bionutriments), consomme plus d'épices, bois plus (boissons chaudes également... qui rafraîchissent !).

Favorise la saveur sucrée et amère et nourris ton cœur, la circulation et les intestins. Protège-toi aux heures de "feu" (12h – 16h).

Complémentation : vigne rouge, hamamélis, ginko biloba et autres plantes favorisant la circulation veineuse et capillaire (fais-toi conseiller par le pharmacien ou herboriste). Consomme de l'huile de germe de blé, biologique, riche en vitamine E naturelle, reconstituante, et la vitamine C naturelle et biologique.

Automne

Mange plus de graines germées, légumes racines, du gingembre et tout ce qui peut nourrir le risque de sécheresse lié aux poumons et gros intestin à cette époque. Diminue les produits laitiers, les aliments fumés ou style barbecue. Favorise les saveurs piquantes ou aromatiques et stimule ton odorat. Protège-toi du vent et de la sécheresse.

Complémentation : cure d'"hygiaflore" pour stimuler la flore intestinale, de plantes favorisant la santé pulmonaire et intestinale en tisane. Cure de "Fortistim®" (concentré de plantes adaptogènes et stimulantes) favorisant la défense de l'organisme et la préparation de l'hiver. La vitamine C naturelle tout au long de l'année potentialisera tout ce que tu consommeras.

Hiver

Mange des aliments solides avec des légumes vapeur. Utilise le sel de mer (hiver = saveur salée) et consomme des aliments amers ou fermentés (choucroute). Surtout couvre-toi les reins et prends soin de ton système urinaire. Évite les aliments et liquides froids. Garde les extrémités au chaud.

Complémentation : Prépare-toi des tisanes de bruyère (système urinaire), consomme des graines de courge, le thym et la sarriette sous toutes les formes (puissants antibactériens et anti-viraux naturels, conseils auprès du pharmacien ou herboriste). Une cure de P.O.P. (poudre d'huître très reminéralisante), d'ampoules d'eau de mer ou de spiruline. Éventuellement "Phytorêve®" pour mieux récupérer la nuit, le sommeil d'hiver doit nous faire hiberner profondément, et de la vitamine C naturelle à répartir en 3 ou 4 fois dans la journée.

Note ici toutes les premières décisions qui vont aller dans le sens d'une vitalité accrue pour toi :

- Mon premier petit pas pour modifier ma relation à la nourriture et au plaisir :

- Mon premier petit pas pour me détacher d'une habitude énergivore dans mon alimentation :

- Mon premier petit pas pour mettre en place un nouveau comportement/vitalité :

- Mon premier petit pas pour ...

Nous ne verrons pas ici les micronutriments (vitamines, minéraux, enzymes, substances bioprotectrices) car l'expérience montre que le respect des informations résumées dans ce chapitre suffit largement pour couvrir tes besoins habituels. Seul le cas par cas, avec l'aide d'un spécialiste en nutrition, permettra ensuite d'ajuster ce qui te sera le plus bénéfique.

Une nutrition "haute vitalité"

Deviens un gastronome averti.
Le plus difficile : changer de rue
pour faire ses courses.
Le plus agréable : sentir une nouvelle autonomie.

ALIMENTS FIBREUX

Absorption/élimination
à chaque repas
Équilibre végétaux
racines et aériens

Légumes : varier au maximum les variétés... et les couleurs (apport optimal de micro-nutriments). Cuisson vapeur uniquement.

Crudités : réflexes à chaque repas, privilégier carotte/pommes râpées + persil + vinaigre de cidre bio + bon mélange huiles.

Fruits : si affinité et bonne digestion (hors repas). Suivre les saisons. La pomme est le seul fruit compatible avec tous les autres aliments et très «protectrice». Les fruits secs : une poignée par jour.

ALIMENTS DE SOUTIEN-STRUCTURANTS

Viande rouge/L = 1 fois/s
Viande blanche/L = 1 fois/s
Poissons maigres/L = 2 fois/s
Poissons gras/L = 3 fois/s
Fruits de mer/L = 1 fois/s
Œufs bio/L-G = 3 fois/s
Soja/L-G = 1 fois/s
Légumineuses/G = 2 fois/s

14 repas / 1 semaine

Cuisson vapeur/pierrade
L : légumes
G : glucides (sucres lents)
s : semaine

Préférer les viandes le midi et le poisson et sucres lents le soir.
Les produits laitiers = plaisirs ponctuels !

ALIMENTS DE L'ÉNERGIE PROTECTEURS

Acides gras essentiels

Huile de poissons gras
Associe huile de noix et d'onagre 1/4 et huile d'olive ou colza 3/4
Oléagineux amandes, noix, graines de courge, etc. : une poignée par jour

Sucres lents

Favorise : riz semi-complet, quinoa (céréales sans gluten bien tolérées)
Pâtes semi-complètes à la tomate/huile d'olive
Pommes de terre (associer le soir avec de la laitue pour un bon sommeil).

🕮 Des livres : repères bibliographiques

Quelques ouvrages complémentaires et très pédagogiques.

- Nourriture et amour, Willy Pasini, éditions Payot.
- Nutrition consciente, Marion Kaplan, éditions Grancher.
- Ces aliments qui nous protègent, Kathi Dittrich, Claus Leitzmann, Terre vivante.
- Le guide essentiel de la diététique et de la santé, Dr Andrew Weil, éditions J.C. Lattès.
- La nutrithérapie, Dr Jean-Paul Curtay, éditions Boiron.
- La diététique du cerveau, Jean-Marie Bourre, Points.
- Le secret des herbes chinoises, un excellent guide de médecine chinoise, beau et clair, Ivry Press – Le grand livre du mois, le club 15, rue des Sablons Paris 16).

• • •

- Communications du Dr Olivier Soulier, Revue Ressource et Cours de décodage psychobiologique (22 Place Lisfranc 59700 Marcq en Baroeul).
- Communications du Dr Bérengère Arnal-Schnebelen Revue *Vous et votre santé* (108 cours d'Albret 33000 Bordeaux).

Ces sources sont suffisantes et sérieuses pour approfondir vos connaissances en nutrition et santé.

Chapitre 6.

"Ceux qui ne prendront pas le temps de faire de l'exercice… devront prendre le temps d'être malade."

Un sage anonyme

LE CORPS : Prenez soin de votre corps et trouvez le bon rythme

GARDEZ LE TEMPO !

Tout est rythme ! Les êtres vivants, l'univers tout entier conjuguent leurs pulsations dans une symphonie extraordinaire. Elle nous donne la sensation d'exister et le sentiment d'être reliés.

Un des signes de notre temps est cette coupure, de plus en plus marquée avec ces rythmes profonds qui nous traversent. **À force de sur-adaptation, afin de s'affranchir des contraintes naturelles et biologiques, nous devenons cet "animal culturé" atteint du "mal être" avec son cortège de maux dits de "civilisation".** Je viens tout juste d'apprendre que les femmes avaient, enfin, le "droit" de travailler la nuit. Victoire ! Sur qui, sur quoi ? Le désir d'indépendance nous met en face du problème de l'interdépendance et du sens profond de nos décisions. À vouloir s'affranchir de ce tissage merveilleux où nous sommes en "réseau" et en "résonance", nous commettons une des plus grandes trahisons humaines. Toute notre biologie est en intime relation avec les petites et grandes horloges qui suscitent notre "bien être". Vouloir jouer, par exemple, avec nos rythmes d'activité et de repos, c'est prendre le risque de passer dans le cycle infernal d'activisme-dépression. Parfois, c'est tout simplement s'empêcher de prendre une pause ou boire un verre d'eau au moment où l'organisme en a besoin, sous prétexte de finir rapidement mes soi-disantes urgences.

Au fil du temps, cette non-écoute nous désoriente jusqu'à dérouter notre système rythmique et organique. L'organisme va alors "crier" pour retrouver le contact avec ses rythmes vitaux.

Écoutons l'entraîneur de vie :

Du cosmos à la plus petite de tes cellules,
tout vibre au rythme de la vie.
Écoute et respecte tes horloges
biologiques pour rester
dans le flux bienfaisant.
Écoute et ose cette priorité
dans les plus petites choses de ton quotidien.

Quelque part, dans notre cerveau émotionnel, une petite zone de l'hypothalamus, les noyaux suprachiasmatiques, semblent donner le tempo à nos différents rythmes biologiques circadiens. En effet, si on détruit cette zone, cela entraîne toutes sortes de perturbations. D'autres rythmes dépendent de la glande pinéale (sécrétion de la mélatonine la nuit), du foie, des reins et des corticosurrénales.

Il semblerait donc que ces horloges soient reliées entre elles afin de s'entendre et de se répondre pour harmoniser et rythmer notre vie. Les alternances jour-nuit, chaud-froid, bruit-silence, activité-repos, ne sont que des synchroniseurs externes qui gèrent les pics et les creux de chaque fonction organique dans notre horloge biologique de 24 heures. En réalité l'organisme s'est adapté à ce rythme proche du véritable rythme qui est de 25 heures ! Lorsque ces synchroniseurs externes sont perturbés, cela dérègle notre horloge biologique et notamment **le cycle veille-sommeil, nécessaire à notre bonne santé.**

Observons ensemble quelques rythmes favorisant une bonne journée :

Dès le matin au réveil, des étirements doux et simples, un automassage sur tout le corps permettront aux liquides intra-organiques qui s'étaient retirés, telle une marée pendant la nuit, de revenir "huiler" progressivement tout votre corps.

De 9h à 13h, **votre activité intellectuelle croît** avec une chute vers 10h30 (c'est à cet instant que votre activité sexuelle est au plus fort et où vous pourrez récupérer plus rapidement après l'orgasme !). L'activité intellectuelle, après une pause, reprendra donc jusqu'à 13 heures pour se dégrader entre 13h et 16h : période la plus propice pour une "vraie" sieste ou une mini pause de relaxation pour recharger les batteries. **Remobilisez-vous ensuite mentalement entre 16 et 20 h.** Pendant ce temps, chaque hémisphère cérébral va dominer l'autre pendant des cycles de 90 minutes. Nous comprenons mieux nos changements d'humeurs et nos façons de voir les choses en fonction de l'alternance interhémisphérique. Nous pourrons devenir plus sensibles à ces changements pour mieux comprendre certains comportements répétitifs ou pour une efficience accrue. **Si l'hémisphère gauche a le dessus**, nous avons plus de facilité à analyser un dossier rébarbatif, à comprendre la logique d'un système, à planifier et organiser. Par contre, **l'hémisphère droit dominant**, ce sera le bon moment de faire jouer nos dons artistiques, créatifs et laisser notre intuition influencer nos décisions.

Sachez également que **votre vitesse de lecture atteindra son pic vers 10h30 et 20h30**, **votre compréhension sera meilleure entre 10h30 et 14h30.**

Quant à la mémoire, vous pourrez vous fier à elle tout le long de la matinée et en **profiter pour retenir les choses importantes jusque vers 14h (pic de la mémoire à court terme) puis de 17h à 20h (pic de la mémoire à long terme).**

Continuons à mieux "habiter" notre journée, en étant à chaque fois que c'est possible, attentif aux rythmes favorables à l'activité sportive, qui demande un gros effort cardiaque et pulmonaire. C'est en fin d'après-midi que ces organes sont au sommet de leur forme ! **Attendez donc 17h pour que votre activité physique soit un réel bienfait pour vous**. Pratiquée le matin, vous risquez le "coup de pompe" qui vous met mal pour le reste de la journée. Pour ceux qui n'aiment pas le sport, c'est aux mêmes heures que l'organisme se branche plus facilement sur l'habileté manuelle.

Nous avons, comme les animaux, des horaires de repos bien définis. Même pendant un jeûne, ces rythmes persistent. Ils sont liés à la digestion et à l'assimilation.

L'alcool a des effets très différents sur notre organisme selon le moment où il est consommé, il est mieux éliminé entre 14h et minuit plutôt que le matin. **Le café et le thé sont mieux tolérés entre 15h et 16h**. Le matin et le soir, ils perturbent les rythmes circadiens. **Le sucre est rapidement métabolisé le matin et économisé le soir**, c'est ainsi qu'il est conseillé de manger plus copieusement jusqu'à 13h et le soir de consommer un dîner très léger.

Les statistiques et les éléments de chronobiologie sur lesquels nous nous appuyons, montrent que les risques majeurs d'accident se situent quand nous passons dans le tempo nocturne.

Les deux pics de **baisse de vigilance sur le plan organique se situent en début d'après-midi et surtout entre 3h et 4h du matin.**

Les grandes catastrophes semblent aussi se passer dans ces périodes nocturnes, mais c'est **entre 5h et 8h que les accidents de travail sont les plus fréquents**. Quant aux suicides, ils coïncident avec la tombée de la nuit, moment où notre organisme sécrète le plus d'anxiété.

Le souci de productivité est légitime, le respect humain est vital.

Nous finirons donc cette journée avec le pic de la bonne humeur qui, en augmentant progressivement tout l'après-midi, nous permet d'avoir un maximum d'**humour** pour le dîner ! **À user sans modération.**

Il est clair que toutes ces données ne doivent pas nous enfermer dans une sorte de "surveillance" dans notre quotidien.

L'entraîneur de vie vous invite plutôt à une attention plus fine aux rythmes qui vous habitent :

Écoute ton corps, écoute les signes qu'il te donne. Si tu perçois cette information ou cette alerte, respecte-toi et fais-toi respecter en trouvant le geste juste, en trichant intelligemment au sein même des contraintes au quotidien.

Si les yeux te piquent, que tu as du mal à mémoriser, si tu sens que tu n'es plus efficace... prends du recul, repose tes yeux dans tes deux mains, respire 5 minutes, fais une relaxation, si le contexte le permet.

Pour faire respecter les changements de rythme, il est parfois utile d'utiliser la voie du guerrier : Stop ! Non ! Attends ! pour te faire respecter avec des messages précis, des limites claires sans charge émotionnelle... pour mieux dire oui à la relation par la suite.

La qualité d'attention à tes sensations et le crédit que tu leur donneras te feront faire les bons choix. Un être hautement sensible ne manque pas de trouver le geste juste pour son équilibre. Tu sauras "tricher intelligemment" dans des contextes qui empêchent le respect des rythmes biologiques humains. Paradoxalement, tu seras au bout du compte, plus efficace... vraiment efficient !

Note ici ton premier acte de respect envers tes rythmes vitaux :

TROUVER LE REPOS ET RÉCUPÉRER

Le rythme le plus essentiel à respecter est certainement celui qui concerne le sommeil et la veille, le repos et l'activité. Une question qui revient souvent chez les participants à mes séminaires est :

Comment mieux récupérer ?

Comment me sentir en forme dès le matin ?

En effet, le sentiment d'être "éveillé" dans sa vie quotidienne, au travail, dans ses activités de loisirs et de vraiment profiter de la vie est lié à notre qualité de sommeil.

Le manque de sommeil, d'après les chercheurs de cette spécialité, gêne la croissance, altère les facultés de concentration et de prise de décision, diminue notre résistance à l'infection et augmente notre fragilité psychologique. **Le sommeil est une réaction naturelle à la fatigue.** La somnolence reste la première cause de mortalité sur autoroute en France. Rappelez-vous la catastrophe écologique due à l'échouement du pétrolier Exon Valdez en 1989, de l'explosion de la navette Challenger en 1986 ou de l'accident de Tchernobyl, liés à une cascade d'erreurs humaines, dues en partie ou totalement à la somnolence des personnes en charge de la sécurité des opérations. Nous connaissons aujourd'hui l'inégalité qui règne en ce domaine. Si vous êtes tournés vers l'action et à tendance dominatrice, il est probable que quatre heures de sommeil vous suffiront pour conquérir le monde dès l'aube. Napoléon et Churchill sont de bons exemples de "petits dormeurs", alors que Einstein, dans la catégorie des "grands dormeurs", avait besoin de dix heures de sommeil et de ses rêves pour nourrir son intuition et sa créativité. **Encore une fois, acceptez d'être fidèle à ce que vous êtes et res-**

pectez votre vrai rythme de sommeil en fonction de votre personnalité. Un introverti aura besoin par exemple de dormir plus longtemps qu'une personne extravertie.

Sur le plan nutritionnel, voici quelques éléments utiles et faciles à appliquer dans les troubles légers du sommeil. Découvrons ensemble une étonnante substance : le tryptophane, un acide aminé ami du sommeil. Des découvertes récentes ont permis de mettre en évidence les vertus tranquillisantes de cet acide aminé contenu dans les œufs, certaines viandes et poissons comme le saumon. Son action soporifique est due à sa capacité d'inhiber les neurotransmetteurs, responsables de l'état d'éveil, alors que la tyrosine (un autre acide aminé) tente de faire le contraire. Il s'agit donc de faire dominer le tryptophane en approchant de la nuit. Afin que celui-ci soit utilisable par notre cerveau, il faut l'associer à un hydrate de carbone au bon moment. Le corps stocke le tryptophane, ce dernier se libérera si vous consommez en soirée des hydrates de carbone. En clair, pour des problèmes d'endormissement, consommez la journée des aliments plutôt protéinés (poisson, viande, œuf) et deux heures avant le coucher des féculents (pomme de terre), pâtes ou fruits secs tels que les bananes séchées ou la datte, afin d'activer le tryptophane mis en réserve. **Si vous avez des réveils fréquents ou un sommeil léger, préparez-vous une banane écrasée, juste avant de vous endormir et des comprimés de calcium marin**. L'acide aminé sera délivré progressivement plus tard dans la nuit. Le mélange de ces deux ingrédients optimisera la qualité du sommeil.

Par contre, si vous voulez rester éveillé pour faire la fête, consommez essentiellement des protéines et légumes verts/crudités en supprimant les hydrates de carbone.

Laissons à présent notre entraîneur de vie décrire cette période si précieuse qu'est une bonne nuit réparatrice ainsi que sa préparation.

Toutes ces recommandations synthétisées par l'entraîneur sont aujourd'hui vérifiées dans les centres de recherche sur le sommeil, tel que le laboratoire du sommeil que dirige le Docteur Françoise Goldenberg à l'hôpital Henri Mondor de Créteil.

Ce soir, tu as senti les premiers signes annonciateurs de l'endormissement : tes yeux picotent, tu bailles, tu n'arrives plus à te concentrer sur ta lecture ou ton film et tu entends les autres parler au loin. C'est le moment de **"ritualiser" ta fin de soirée** pour informer certaines zones du cerveau, afin qu'elles se mettent en veilleuse ou au contraire s'activent. Des actes simples et répétitifs suffisent : fermer les volets, se brosser les dents, boire un verre d'eau, respirer tranquillement sur le balcon, etc.

Tu as vérifié que **ta chambre est propice au bon sommeil** : une bonne température de 18°, une aération préalable, tous les appareils électroniques débranchés et une bonne obscurité. Prends soin de ce qui environne ton sommeil pour mieux récupérer : une glace en face du lit amplifie l'énergie qui s'y réfléchit et stimule au lieu de favoriser l'endormissement ; de la même manière ton lit ne doit pas se positionner en face d'une porte qui génère trop d'énergie. Ta chambre est sobre et en ordre, afin de créer un climat apaisant et les couleurs qui vont influencer positivement ton sommeil sont pastels. À privilégier : les roses, jaunes pâles, beige et lilas pour les murs, les draps et les pyjamas.

Ton lit sera orienté tête à l'est ou au nord. La tête du lit sera en "dur" et surtout pas adossée à une fenêtre pour favoriser ton sentiment de sécurité. Tu n'hésiteras pas à déplacer légèrement ton lit pour échapper aux zones de concentration nocives. Tu observeras d'ailleurs que ton chien aura tendance à les éviter en "cherchant" sa place alors que ton chat aura plaisir à s'y trouver et à se poser par exemple près de ton ordinateur. Ton bébé se réveillera toujours à l'autre bout de son lit pour échapper instinctivement à un mauvais emplacement.

Enfin **le choix de ta literie méritera toute ton attention** : favorise les matériaux naturels (bois, lit à eau) en évitant les structures à ressorts métalliques. Prends le temps d'essayer ton nouveau lit et de te faire conseiller dans des endroits différents et avec des visions différentes, et laisse faire ton intuition.

Tu es maintenant dans ton lit, alors fais l'expérience suivante : couché sur le ventre ou sur le côté, laisse doucement le mouvement du souffle monter et descendre le long de la colonne vertébrale. Visualise que ce mouvement très lent touche sur son passage toutes les terminaisons nerveuses qui partent de chacune de tes vertèbres pour aller informer l'ensemble de ton organisme. Ce véritable massage de ton axe nerveux va t'endormir au bout de quelques minutes et surtout te faire entrer dans la nuit en état de détente. Combien de fois t'endors-tu les poings serrés ou les mâchoires crispées ? Observe comment tes proches entrent dans le sommeil, tu seras surpris de voir autant de "manières d'être" crispé. Ton sommeil sera d'autant plus réparateur si tu es dans le "lâcher-prise" au départ. Place-toi tout entier dans "la trace" d'un sourire et abandonne-toi au calme. Si cela t'énerve... c'est que tu en as d'autant plus besoin ! Tu pourras alors t'inscrire à des cours de relaxation ou de sophrologie. À ce stade, ton délai d'endormissement normal est d'environ vingt minutes. Ton noyau supra-optique, sensible au rythme lumière-obscurité, cesse d'émettre des signaux actifs vers ton épiphyse, **ce qui permet à celle-ci de sécréter la fameuse mélatonine pour favoriser l'endormissement**. Si tu es en état de stress ou d'anxiété, ton cerveau enverra par contre des signaux aux glandes surrénales, afin qu'elles sécrètent de l'adrénaline, élevant ainsi ton niveau de vigilance.

Si ton anxiété est permanente, tu es comme "shooté" à cet excès de production hormonale qui inhibe l'action reconstituante de l'hormone de croissance pendant la nuit. C'est une des raisons pour laquelle, même si tu dors, tu ne seras pas reposé au réveil et qu'à la longue tu épuiseras tes surrénales, qui sont tes réserves de vitalité. Tu le sais maintenant, tu peux "oser décider" une autre voie.

Ton sommeil parvient maintenant en phase dite profonde et tu es dans une "lourde immobilité", ta respiration est profonde, ton visage sans expression.

Cela va durer quatre-vingt-dix minutes et cela se reproduira plusieurs fois dans ta nuit, mais en phases de plus en plus courtes. **C'est dans cette phase que tu récupères vraiment physiquement et c'est la première partie de nuit qui est la plus importante, là où les forces de réparation entrent en jeu**. Un couche-tard aura souvent des phases de sommeil profond plus courtes.

Tu entres à présent dans une courte phase de sommeil agité, dit paradoxal où tu vas te retourner souvent, avoir des mouvements brusques, des expressions sur le visage et une respiration irrégulière. Alors que le sommeil est censé te donner le repos, comment se fait-il que pendant une bonne partie de la nuit, il te demande encore de l'énergie ?

Le processus que tu vis dans ton sommeil prend soin, non seulement de ta récupération physique, mais aussi de ton harmonisation psychique. **C'est une véritable intégration créative qui te permet, pendant les phases de sommeil paradoxal, de symboliser par les rêves ce qui te travaille, te met en conflit, ou en simple intégration des acquis et vécus de la veille.** C'est aussi dans cet espace "magique" que tu es en contact avec la grande mémoire collective qui t'in-forme (te forme de l'intérieur) en permanence.

La succession d'une phase de sommeil lent et d'une phase de sommeil paradoxal constitue un cycle de sommeil qui dure en moyenne cent minutes et qui se renouvelle quatre à cinq fois. Tes phases de rêves augmenteront en durée au cours de la nuit, au fur et à mesure que ta récupération physique sera comblée. **Plus tu seras épuisé physiquement, moins tu rêveras.**

Si tu ne finis pas ton cycle et que le réveil sonne en plein milieu, tu risques d'être dans "le cirage" et de ne pas te souvenir de tes rêves. Je t'invite à capter toute l'information qu'ils t'auront transmis, afin de t'enrichir psychiquement et donner plus de sens à ta vie. Pour te réveiller en forme et garder la mémoire de tes rêves, applique une méthode simple : avance ou recule l'heure de ton réveil, afin d'arriver en fin de cycle (exemple : 1h40x4), puis règle plus finement au fil des jours. Évite de bouger tout de suite au réveil et si tu le souhaites, place un carnet de rêve la veille au soir près du lit. **Retiens qu'il vaut mieux te réveiller plus tôt, en fin de cycle et en forme que de grignoter une demi-heure... pour te lever avec difficulté !**

Tu vois donc, après ce périple nocturne, l'importance majeure de porter attention à la qualité de ton repos physique et psychologique pour un état de veille optimum. (Bien sûr, dans le cadre de cet éveil à plus d'attention à tes rythmes, nous n'aborderons pas les pathologies du sommeil qui demandent une expertise médicale.)

Quels sont tes trois points de vigilance, afin d'améliorer les conditions de ton sommeil :

-

-

-

UN PEU DE DISCERNEMENT

"Tes besoins, tu écouteras, et tu respecteras
Ton besoin est vital à ton équilibre,
il est irremplaçable et cherchera toujours
à s'exprimer d'une manière ou d'une autre.
Non respecté, tu produiras l'ombre en
toi-même, une maladie psychosomatique
par exemple, ou bien dans tes relations, une impulsion
colérique. Tu es responsable de ce respect à toi-même
pour être plus aimant dans ta vie".

Même si vous connaissez intellectuellement cette approche, prenez-la maintenant pour vous, en vrai !

Les écrits d'Abraham Maslow ont été cent fois revus et corrigés mais le fond de sa pensée reste bien pertinent. Pour aller à l'essentiel, nous reprendrons ce repérage établi par notre entraîneur de vie.

Soyez à l'écoute, sensible aux premiers signes, comme le montre le schéma de l'entraîneur :

Si tu n'écoutes pas,
ton corps va crier de plus en plus fort.
Ce cri te sauve, c'est ta "mal-a-dit"
qui s'exprime malgré toi !
Il existe un chemin plus pertinent
et salutaire.

Tout ce qui
ne s'exprime pas
s'imprime

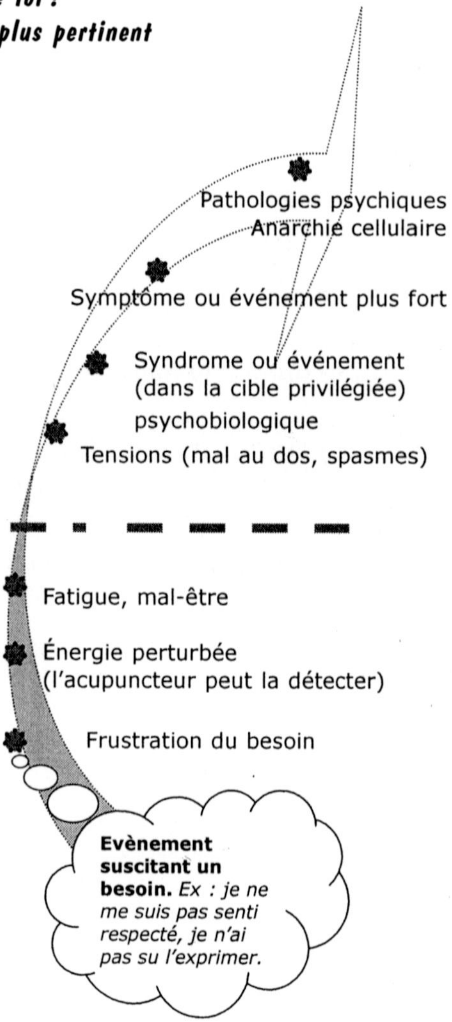

Ta sensation t'informe.
Ton sentiment t'informe.
Ose exprimer Clairement !

LE QUOTIDIEN BONHEUR :
UN NOUVEAU REGARD...

Huit jours pour Décider et Oser... !

Comme toi,
l'arbuste a dans son essence
le pouvoir d'attendrir le roc.

Accroche-toi !

Rien n'est plus urgent
Que de poser ton regard
Sur ce cadeau du Ciel
Qui délivre ton Cœur.

Ose le quotidien bonheur !

Simplifie-toi la vie
et profite de ce qui est déjà là.
Retrouve le temps
de t'appuyer sur ton arbre.

Ose être naturel !

Souviens-toi !

L'ombre n'est qu'une lumière empêchée.

Ose rayonner !

Si tu ne prends pas soin de	Attention aux alertes	Alors, prends soin de toi
Tes besoins vitaux **"survivre"**	Problèmes digestifs, sexuels, respiratoires, nerveux	Dors mieux, équilibre plaisir et alimentation saine, respire !
Tes besoins de sécurité **"se protéger"**	Le foie, banque du sucre. Problèmes d'argent, "se faire de la bile". Système urinaire. Reins "marquage du territoire". Col utérin, larynx, bronches.	Retrouve de l'espace pour vivre, aie ta place dans le monde, perçois ta zone de sécurité, maîtrise les risques, aie confiance en toi-même.
Tes besoins de participer **"s'intégrer à la tribu"**	Les problèmes d'articulations à répétition, sans cause apparente. Les surrénales.	Difficulté à t'articuler avec les autres. Intègre-toi mieux, sois partenaire et non adversaire. Cultive l'inter-dépendance.
Tes besoins d'estime **"aimer et être aimé"**	La chaleur se transforme en feu, faute de se mettre en lumière (sens). Les rougeurs, les inflammations, les maux de l'anus, les problèmes de peau, organes de communication.	Fais-toi respecter et respecte les autres. Reconnais. Fais-toi entendre "jusqu'au bout". Valorise. Ouvre ta chaleur humaine. Cultive l'amitié et l'amour.
Tes besoins de réalisation	États dépressifs. Comportements compulsifs.	Va vers tes projets et tes cibles de réalisation. Donne la place à ton Être.

"Prends soin de tes besoins avant de penser à tes désirs ! Respecte-toi. Le reste suivra plus facilement."

À quel niveau vas-tu prendre soin de toi ? ... dès maintenant.

Être clair avec ses besoins, les respecter et les faire valoir, est une étape essentielle. Je connais encore trop de personnes qui, après des années de thérapie, ne savent toujours pas être à l'écoute de leurs besoins et les exprimer de manière claire.

LA NOURRITURE INTÉRIEURE OU LA VOIE DU CORPS

"*Non pas le corps que j'ai là, quelque part en dessous de ma tête, mais bien le corps que je suis... sujet et non pas objet*", disait de son vivant K.G. Dürckheim, ce grand sage, thérapeute et philosophe avec qui j'ai eu la grande chance de vivre l'expérience de l'être au tréfonds de mes cellules. Avant cette période, j'avais déjà plongé pendant des années, de nombreuses heures par jour, dans ce temple de la vie, par un travail de conscience et de structuration corporelle. J'ai accompagné pendant une vingtaine d'années sur ce chemin des personnes qui venaient se découvrir et exposer à la vie leur Corps "ligoté" dans les crispations psychiques. Mon entraîneur a toujours été à l'écoute profonde des messages donnés par la vie elle-même. Mon corps m'a livré, par exemple, le son de mon vrai pré-nom à la suite d'une séance où je me suis senti renaître de l'intérieur.

J'ai pu écouter profondément, comme si chacune de mes cellules étaient devenues "une petite oreille" attentive à ce son qui me fondait. J'ai vu, j'ai senti, j'ai goûté, j'ai touché, non plus par mes sens extériorisés mais par toute mon intériorité.

Alors... j'ai été "entendu", j'ai été "regardé", j'ai été "senti", j'ai été "goûté", j'ai été "touché" profondément. J'ai rencontré, dans ce que j'ai perçu comme un acte d'amour pré-existant en moi, cette force de vie qui a délivré, en un instant, ma peur d'exister donc de m'incarner. Cette confiance, cette foi de base est une véritable sensation, un réel sentiment d'être et une conscience régénérée.

Ce contact à la source concerne notre Terre-Mère intérieure qui peut nous réconcilier avec nos forces féminines.

C'est une sensibilité à fleur de cellule qui me nourrit et m'informe à chaque instant de ma vie.

Accepter l'exercice d'"habiter son corps" (ou de le laisser "être habité") est au quotidien le seul moyen d'être disponible avec toutes ses potentialités.

La rencontre en profondeur avec ses forces vives est toujours bouleversante et stimule des forces de guérison naturelles.

Combien de personnes ai-je vu dans mes accompagnements, décrisper leurs tensions, accepter de tisser un dialogue de vie face à des maladies de l'être non respecté... et enfin prendre le chemin de la guérison. Dans cette reconnaissance, la vie n'a plus le même goût et les décisions sont alors liées au courage d'être soi.

J'ai été interpellé par les points de similitude de toutes les personnes qui ont écrit à ce sujet, que ce soit Ida Rolf (initiatrice du rolfing), Gerda Alexander (eutonie), Moshe Feldenkrais, Thérèse Bertherat (anti-gymnastique), K.G. Dürckheim (thérapie initiatique et Leib thérapie) ou Ilde Perboom (structuration corporelle). Tous ces grands initiateurs sont partis du contact avec la vie en plongeant en eux-mêmes pour offrir une forme particulière, exprimée dans l'expérience du geste juste.

Aujourd'hui beaucoup de personnes peuvent témoigner de la puissance de ce travail en ayant traversé les affres du corps et de ses maux grâce à cette exploration intérieure. Je pense notamment aux merveilleux récits de Guy Corneau, psychanalyste, dans "La guérison du cœur", à Marie-Lise Labonté dans son beau livre intitulé "Au cœur de notre corps".

Tous deux ont parfaitement décrit cette descente aux enfers dans le corps malade, la courageuse rencontre des forces de vie, le dialogue et l'entraînement corporel menant à la guérison. Ilse Middendorf, quant à elle, a transmis ses merveilleuses pratiques, suite à cinquante années d'expérience du souffle et nous confirme la nécessité de prendre soin de soi à des niveaux d'attention de plus en plus profonds.

Je voudrais simplement, ici, vous donner envie !

La plupart des personnes suivant mes cycles de formation, me poussent à écrire les exercices de vécu corporel que je leur propose, tant elles ressentent, plus ou moins consciemment, la puissance de ce travail.

Paradoxalement, c'est certainement pour moi la chose la plus difficile à exprimer et à faire partager par écrit. En effet, dans ce type d'approche que je vous invite à vivre plutôt qu'à lire, les instants de transformation ne sont pas dans l'exercice lui-même mais dans la manière de vivre ce moment de rencontre avec le corps. Chaque lieu du corps est un monde en devenir !

Il ne s'agit pas là de réussir ou de faire quelque chose. L'exercice est l'outil, le support d'une aventure où je me dévoile, me démasque et me reconnaît. C'est le changement d'une forme vers une autre, une vraie trans-formation qui passe par l'écoute de l'in-formation. Être formé de l'intérieur, voilà qui nous change de l'accumulation des savoirs de l'extérieur !

Décider d'exister, c'est oser s'incarner.
S'incarner, c'est oser vivre.
Vivre, c'est s'exposer !
La véritable confiance s'éprouve.
Ta responsabilité et ton entraînement se basent sur quatre repères :
La SENSIBILITÉ pour te sentir bien dans ta peau, la STRUCTURATION pour sentir ta force intérieure, l'ENDURANCE pour tenir la route, la CENTRATION pour ta stabilité intérieure.

■ **ÊTRE SENSIBLE**, c'est tout d'abord retrouver l'éveil de nos sens et pour cela tous les moyens sont bons ! Que ce soit la gastronomie, les arts, la nature, l'érotisme ou un rituel religieux, la sensorialité est la porte d'entrée de la vie et de la transcendance.

Être sensible, c'est percevoir la douceur du souffle qui m'"anime" et relie tout ce qui m'"habite".

Être sensible, c'est être en relation, savoir rencontrer tout autrement... et sentir l'être au fond de chaque apparence.

Être sensible, c'est assumer sa part de fragilité qui n'a rien à voir avec de la faiblesse.

Être sensible, c'est garder ce cœur d'enfant qui s'émerveille encore de la beauté d'un rayon de soleil touchant ce débris de verre enfoui dans une décharge à ordures. Retrouver cela plus consciemment, plus profondément, est nourrissant. Il nous faudra recontacter cette perméabilité de l'être dont parle K.G. Dürckheim et cette conducti-bilité du corps à la vie circulante.

Un travail de lâcher-prise sensible est donc le passage évident pour déposer les armes.

Je laisserai l'entraîneur de vie distiller les mots qui fleurissent le chemin d'une telle expérience :

Préparation pour l'exercice :

1. La qualité des mots, leur force évocatrice, leur précision, ainsi que le ton de la voix sont essentiels pour toucher et transformer.
2. Vous pouvez demander à un ami de vous lire le texte qui va suivre doucement, lentement, en respectant les moments de silence, représentés par les points de suspension et d'au moins 10 secondes (jusqu'à 30 parfois) ou encore enregistrer vous-même ce passage en ressentant comment il vous ferait le plus de bien (ton de la voix... silences... mots clés).

3. S'allonger au sol – prévoir une tenue souple et chaude – s'étirer – bailler puis se placer à plat dos les bras le long du corps, paumes tournées vers le ciel... en abandon – la tête dans l'axe, menton légèrement rentré vers la poitrine pour rester en éveil – prenez 2 à 3 soupirs profonds... vous voilà disponible pour l'aventure intérieure.

   Durée de l'exercice : 30 à 40 minutes.

Exercice :

Peux-tu doucement ... non seulement sentir, mais consentir à t'abandonner ... à lâcher prise de ce qui s'accroche ... veut encore dire non ... permets-toi de ne plus courir ici et là dans tes jambes ... de ne plus faire ceci ou cela dans tes bras ... glisse le souffle d'un oui, desserre-toi .... comme une éponge que l'on aurait serrée dans le creux de la main petit à petit ... donne ... ouvre la main ... afin que cette éponge, comme les fibres musculaires, reprennent leur véritable forme, la forme d'un oui à la vie qui circule ... sens cette circulation intérieure, sois tes jambes elles-mêmes et éclaire cet espace de ta présence ... laisse-toi reposer à présent dans ton bassin et ton ventre et accepte de quitter tes "luttes intestines" pour sortir du labyrinthe de tes conflits. Desserre-toi ... dans le ventre que tu es ... cette tension c'est toi dans ta manière d'être en relation avec les autres et le monde. Tu n'es pas que cela ... écoute ... explore et laisse le souffle naturellement reprendre ses droits ... sois présent à cette présence ... simplement. Ce qui se cherche en ce moment-même en toi est bienveillant ... accepte d'être là totalement relié à la vie ... un grand soupir ? oui ... laisse aller, laisse se détacher ... ouvre-toi au tout autre ... à ... mystère ! À présent dépose la caresse de ta conscience dans ta poitrine ... voilà ... il n'est plus utile de laisser l'oppresseur enfermer ton espace ... desserre-toi et cherche la douceur, le baume qui va panser, installe-toi chez toi et souffle un peu ! ... oui ... laisse la vie s'installer là ... donne le temps au temps ... le temps que chacune de tes fibres se trans-forme ... desserre ton cœur et ouvre-toi ... du plus profond de toi-même ... laisse monter le sentiment qui veut bien surgir ... En desserrant ce qui t'est peut-être resté au travers de la gorge ... ouvre le passage, avec douceur ... vers ton visage ... et regarde-toi ... de l'intérieur ... accepte de quitter tes masques ... ton front est-il dans le souci ? Éclaire-toi ! Tes mâchoires sont-elles en train de se défendre ou de vouloir attaquer ? Tu n'as plus besoin de te bagarrer là ... desserre-toi et goûte ... goûte qui est là maintenant ? Prends confiance dans le nouveau ... oui ... c'est fragile ... cela revient ? Pour une fois ta volonté, ton attention sont au service de la transformation intérieure ... c'est ton ascèse ... une discipline librement consentie ... continue à laisser aller ... ce n'est que toi qui t'accroches à cette tension ! Qu'y-a-t-il derrière ? Qui est là, maintenant ? Tes yeux résistent-ils à force d'émettre, de projeter ... voire de juger ? Observe ... lorsque tu lâches prise dans tes muscles oculaires ... tu ne peux plus penser ... sentir ... seulement sentir ! Déplisse les fibres qui entourent tes yeux, accepte d'être réceptif ... il n'y a plus à comparer, à penser quoi que ce soit ! Entre dans une qualité de détente du regard ... desserre ... repose ... et capte ton nouveau visage ... y-a-t-il encore un endroit un peu serré ? qui dit non ? ... lâche prise ... desserre ... oui ... tu es ton visage ... qu'exprime-t-il ? ... qui est là ? qui veut bien surgir ? ... laisse doucement de l'intérieur du visage la trace d'un sourire s'annoncer ... voilà ! laisse à présent cette trace du sourire diffuser dans ton corps et infuser dans chacune de tes cellules ... des milliards de petits sourires bienfaisants qui baignent tout ton être ... sentir ... simplement sentir ... oui ... Peut-être peux-tu sentir toute la lourdeur de l'abandon au sol maintenant ... mais dans un même temps toute la légèreté qui t'habite ... Vis cette expérience paradoxale ... tu peux alors relier le mouvement de ta présence à ton souffle ... et à la qualité de ton sentiment. Laisse-toi inspirer dans cette trace du sourire ... capte la "pétillance" intérieure. Laisse-toi expirer doucement dans tout le corps à la fois ... capte l'apaisement intérieur ... perçois ce rythme profond qui va ... qui vient irriguer cette terre, ta terre ... petit à petit entre dans le sentiment de joie grâce à cette pétillance

... puis dans le sentiment de paix porté par ton état de tranquillité ... inspire ... joie ... expire ... paix ... Entrer dans la profondeur d'une qualité, c'est entrer dans la qualité de la profondeur elle-même ... éprouver ... simplement éprouver ... Progressivement, le souffle naturel, tel qu'il est donné, reprend son rythme ... tu es maintenant soufflé de l'intérieur, cela se fait en toi ... les deux qualités que tu as éprouvées à tour de rôle ... laisse-les doucement se fondre ... oui ... c'est cela ... laisse émerger un tout nouveau sentiment dans cette rencontre de la paix et de la joie ... écoute dans tout ton corps ... Qui est là ? ... laisse le temps de cette rencontre ... ce nouveau qui arrive a peut-être quelque chose à voir avec le sentiment d'amour ... oui ... laisse-toi goûter cela ... laisse-toi nourrir par le doux mouvement du souffle, par cet état "cellulaire" ouvert et disponible à ce qui n'est plus exprimable ... vis et sois cet instant. Ton temps et ton espace en sont modifiés ... te sens-tu en ordre ? ... te sens-tu en unité ? ... te sens-tu en plénitude ... bien vivant ? Alors toutes les forces de guérison se concentrent en toi ... retire-toi suffisamment pour leur laisser la place ... mais dans un même temps, elles ne peuvent agir que dans ta présence bienveillante ... oui ! ... prends encore un moment pour toi ... pour l'univers ... pour ...

4. Après un silence qui peut aller de 3 à 5 minutes, active progressivement la respiration jusqu'à l'envie de bouger les doigts de pied, les doigts des mains, puis commence à te caresser le corps, à t'étirer profondément, à bailler, à faire des petits sons naturels pendant 5 minutes. Ceci est très important pour relancer correctement l'activité métabolique nouvelle. Tu peux, alors, t'asseoir un petit moment, puis marcher de plus en plus dynamique dans la pièce.

Je t'invite à écrire ici :

- Ta décision de prendre soin et d'habiter mieux ton corps.

- Quelques numéros de téléphone et/ou adresses dans ta ville ou ailleurs (stages) de personnes qui enseignent ce type de pratique, afin d'essayer sans engagement et te faire une opinion.

■ **ÊTRE STRUCTURÉ**, c'est accepter son ordre intérieur et son architecture porteuse de solidité. Être structuré, c'est retrouver des re-pères, des limites qui contiennent ma puissance et mon ombre. Être structuré, c'est sentir concrètement ma force intérieure pour œuvrer efficacement dans le monde. **Ce travail de structuration corporelle permet à toute notre sensibilité de ne pas devenir sensiblerie, émotivité ou réactivité.** C'est comme une terre porteuse de racines pour que notre cœur fleurisse et embaume notre univers.

Ce travail est à vivre au travers de formes très précises et demande l'exigence du geste juste, relié au souffle. L'exercice transformant doit pouvoir se répéter, jusqu'au moment où c'est lui qui "me fait" de l'intérieur, sans effort, avec fluidité !

Le temps et l'espace se modifient alors ... je rentre dans l'intériorité et je peux avoir le sentiment d'être resté 15 minutes dans l'exercice, alors que celui-ci a duré 45 minutes ! Le geste, le souffle et la conscience ne font plus qu'un et je découvre les trois grandes qualités qui témoigneront d'une autre façon d'être présent au monde : **l'ordre** (mes grands repères, structures anatomiques, posture...). **La plénitude** (perception du "champagne de la vie" qui circule en moi) et **l'unité** (quand la droite, la gauche, le haut, le bas, etc., ne font plus qu'un) font que le temple est alors en verticalité, il a une âme et témoigne d'un équilibre qui inspire de la beauté et du mystère.

Cet effet "catalysant" est propice à développer "une rumeur" de santé intérieure. À l'inverse de l'anarchie cellulaire à la base d'un cancer, nous sommes là en présence d'une concentration d'éléments favorisant un terrain fort et résistant. Réorienté, nous ne manquerons pas alors de retrouver le "bon sens" de notre vie pour faire les bons choix.

Ces exercices doivent être guidés par un bon animateur. Tu trouveras quelques adresses à la fin de ce livre. Sinon, pose ces quelques questions dans les endroits, centres ou associations que tu visiteras : *"Faites-vous un travail pour développer la conscience corporelle ? Des exercices de structuration ? Sur le souffle ? Sur le geste juste ? Est-ce un travail qui mène vers l'intériorité, puis vers l'expression ? Faites-vous le lien avec la vie quotidienne ? Puis-je essayer une ou deux séances sans engagement ?"*

Ce vocabulaire doit être familier pour l'animateur et les réponses doivent être claires. Demande-lui sa formation (voir références de quelques noms au début de cette partie de chapitre), essaie un ou deux cours et décide seulement après. Écoute aussi le bouche à oreille... quand le disciple est prêt... le maître arrive !

■ **ÊTRE ENDURANT**, c'est se donner la possibilité de "tenir la route" pour "durer" sa vie. Être endurant, c'est prendre soin d'un système essentiel à notre bon fonctionnement : notre cœur, la bonne circulation du sang et autres liquides organiques.

J'ai remarqué que beaucoup de personnes se faisaient violence à faire du jogging parce que "*c'est bon pour la santé*", disent-elles. Nous voyons ici toute la contradiction entre effort, santé et plaisir. Vivez plutôt cela comme un paradoxe. Écoutons notre entraîneur de vie :

Voici d'abord ta règle d'or :

Pratique trois fois par semaine
un exercice de 20 minutes minimum en continu.
Reste entre 120 et 150 pulsations minutes.

En intérieur : mets une bonne musique qui te dynamise et te procure le plaisir... de bouger. Cela déclenchera un processus hormonal et nerveux rendant l'effort facile et joyeux. Ton effort se traduira, alors, par des bienfaits sur le plan cardiaque, circulatoire et respiratoire. Tu peux danser, créer une course créative (changements d'appuis, mouvements associés des bras) et inventer ce qui te plaît pourvu que tu tiennes ta règle d'or.

Tu peux également ressortir ton vieux vélo d'appartement ou mieux encore investir dans cet excellent appareil d'intérieur qui simule le mouvement de ski de fond. Cet appareil, sur le plan physique et organique, combine les effets positifs du vélo, de la course et du rameur, en vente dans les téléachats et certains magasins de sport spécialisés.

En extérieur : la natation, l'aviron et le ski de fond sont les meilleures activités d'endurance, si tu y prends du plaisir. La seule activité que tu pourras vivre quel que soit ton âge, est celle qui peut allier le plaisir de la découverte et du partage relationnel dans un rythme physique régulier : la marche. Seul ou en groupe, si tu marches une heure de manière dynamique et consciente en tout terrain et ceci au moins trois fois par semaine, ta santé sera présente au bout du chemin.

Quel sera ton premier pas :

Groupe de randonnée : Repérer une bonne musique : Oser bouger autrement : Acheter un appareil : Faire une activité de plein air : Plus et mieux marcher : Autre :

■ **ÊTRE CENTRÉ**, c'est une manière d'être là… ni tendu… ni lâché, dans un tonus ajusté à la situation présente.

Être centré, c'est acquérir un réflexe de détente immédiate face à une pression et maîtriser l'art d'être désarmant dans la vie.

Être centré, c'est accepter de rayonner à partir de son centre sans se perdre et d'utiliser cette façon d'être là au service de l'amour.

L'acte de centration est un réflexe intérieur essentiel à cultiver. Les enfants occidentaux n'ont pas appris cela sur les bancs de l'école, c'est pourtant l'art de la maîtrise et de la confiance en soi. Votre bon sens en est renforcé, vos choix sont comme "centrés" et oser devient une pratique "hors la peur".

On a trop confondu le centrage avec un lieu spécifique (le hara, le centre du mouvement, l'énergie mentale, etc.), il est temps de redécouvrir de manière pédagogique cette pratique du centrage, en tant que manière d'être là, de la personne entière... reliée et confiante pour accéder à l'autonomie dans les situations quotidiennes. L'entraînement proposé par notre guide n'est pas un effort, ni une surveillance de tous les instants. C'est **surtout un réflexe à acquérir en situation d'enjeu, de pression ou d'émotivité** qui me resitue dans le lieu où tout redevient possible, au centre du tourbillon pour une lucidité accrue (nous reviendrons en détail sur la gestion émotionnelle dans le deuxième guide consacré à la relation).

C'est grâce à mon entraîneur de vie que j'ai pu intégrer, depuis de nombreuses années, cette puissance extraordinaire de la centration.

Avec l'entraîneur de vie, découvrez les **3 "S"**. Votre attention doit pouvoir les relier de plus en plus facilement, comme un réflexe :

Stabilité physique : c'est "le bon sens près de chez nous" : dans ton contact au sol, équilibre le poids des deux pieds, débloque légèrement les genoux pour mieux placer le bassin, détends les muscles des mollets et des cuisses. Si tu es centré dans ta stabilité, tu pourras tenir debout sans fatigue, sans sur-tension (qui crée entre autre les problèmes circulatoires dans les membres inférieurs) et expérimenter ta prise terre en ressentant cet enracinement naturel (passage facilité de l'énergie terrestre).

Sérénité émotionnelle : ton centre de concentration et d'expansion de l'énergie vitale se situe dans le fond de ton bassin, dans le père-inné (périnée) là où la vie va s'ex-primer, passer de l'être à l'ex-istence. C'est dans ce lieu alchimique que se situe ta confiance de base et la transformation des émotions en calme profond. Les muscles qui tapissent le fond du bassin respirent au rythme du diaphragme et font le lien entre les énergies de la terre (voir stabilité physique) et les énergies du ciel (coupole crânienne et coupole diaphragmatique sur le plan rythmique).

Ton attention : retrouve la sensibilité du souffle naturel dans cet espace détendu. La sensation de profondeur et de présence vont alors progressivement s'installer.

Ton exercice : au moindre stress, toute cette zone se spasme et les luttes intestines se déclenchent, l'énergie émotionnelle est alors diffusée par le plexus solaire comme un violent orage dont les éclairs ne sont pas canalisés par une centrale (prise terre + périnée). **À chaque petit stress** (coup de klaxon, un mot qui touche), **entraîne-toi au Réflexe de Détente Immédiate** (R.D.I.) en "t'épanouissant" dans le fond de ton bassin pour retrouver le souffle périnéal et ta prise terre.

Synergie mentale et verbale : c'est ici que le lien avec l'énergie mentale est essentielle. Il s'agit "d'encadrer" l'émotion entre ce placement intérieur et une attitude mentale et verbale. **En général, ton émotion t'envahit vers le haut et te submerge. Là, le mouvement intérieur se fait vers le bas et t'épanouit.** Ceci va dégager une lucidité mentale.

Si ton cerveau n'est pas orienté vers un objectif simple et clair (ou une réelle disponibilité d'esprit), il aura tendance à prendre comme objectif prioritaire tes craintes et tes doutes ! Se recentrer mentalement, c'est trancher et décider à partir de l'enracinement physique et émotionnel... ou faire le vide pour mieux agir.

Sur le plan verbal, cela va te permettre de découvrir trois possibilités qui sont le signe d'une bonne maturité face aux événements* :

1. un ton de voix mieux ajusté, plus centré (38% de la communication) ;
2. une meilleure maîtrise de ta réactivité par le réflexe de temporisation : attendez ... ! pour éventuellement te distancier, retrouver tes ressources et t'ajuster ;
3. une meilleure capacité à répondre par un questionnement pertinent (qu'est-ce qui vous fait dire cela ? Pouvez-vous préciser ?... au lieu du oui-mais ("mais" est émotion !) habituel qui signale un décentrage émotionnel entraînant à sa suite une cohorte de comparaisons, justifications, projections, etc.

   Ce sont les deux enracinements physiques et émotionnels qui t'aideront le plus à retrouver cette synergie mentale et verbale.

   Tu devras, comme nous l'avons indiqué dans les deux premiers chapitres, réapprendre à trancher et à oser être vrai dans ces moments de choix.

Ces trois "S" développerons les trois "C" : plus de Cohérence, une profonde Confiance et une Crédibilité grandissante.

** Nous approfondirons ces notions dans le deusième guide, sur la clarté relationnelle.*

Cette présence est un exercice de "Reliance" où l'attention est un fil qui ajuste le corps, l'émotion et le mental en une fraction de seconde. Un seul espace manquant et l'ensemble de la personne devient fragile :

Si tes jambes se raidissent, on peut facilement te déséquilibrer en te poussant par derrière (doucement au centre de gravité). Si tu te replaces en prise terre, mais que tu es décentré mentalement (identifié à un souci par exemple), tu seras déséquilibré tout aussi facilement. **C'est le principe de la mayonnaise** : tu as beau mettre chaque ingrédient correctement, si l'énergie qui relie le tout est déficiente, elle ne prendra pas. De même la mise en "reliance" de toute ta personne demande l'énergie de ton attention... sans tension, de façon globale.

Prends maintenant appui sur le quotidien pour t'entraîner activement :

- **Exemple 1** : Lorsque tu ouvriras une bouteille, le couvercle d'une boîte de conserve ou autres "twist off", en te reliant aux trois "S", expire doucement vers le périnée... au moment où tu n'as plus d'air... stable... tranquille... décidé... agis avec une économie d'énergie qui te surprendra.
- **Exemple 2** : Place-toi au centre d'un grand magasin au milieu de la foule. Centre-toi avec les trois "S" au centre du tourbillon pour garder un rythme paisible à l'intérieur. Repère tous les tourbillons de la vie. Chaque occasion est la meilleure des occasions !
- **Exemple 3** : Face à cette personne qui n'arrête pas de parler et t'agresse verbalement, entre dans cette "reliance" des trois "S", stable... tranquille... décidé... à ce moment-là souvent la per-

sonne va balbutier, être destabilisée et ... va diriger son verbiage vers quelqu'un d'autre, voire s'arrêter. Au final, cette ressource intérieure, doit toujours être utilisée comme témoignage d'une plus grande tolérance, d'un respect mutuel et d'une force d'amour. À chaque fois que tu en as l'occasion. **Un regard aimant et lucide, un calme intérieur et une stabilité confiante peuvent devenir les leviers qui redresseront une personne désespérée.**

Trouve ici ton idée d'exercice au quotidien :

J'espère que vous aurez "entendu" ces invitations de l'entraîneur de vie pour mieux respecter vos rythmes naturels, retrouver un sommeil réparateur et prendre conscience du potentiel extraordinaire qui attend dans chaque fibre de votre corps.

J'ai eu l'occasion récemment de passer un long moment dans la salle d'attente d'un médecin spécialiste des maladies digestives. Un grand mouvement de compassion est monté en moi. J'avais le sentiment de contempler "l'envers du décor", de voir profondément les traces laissées au fil des ans qui faisaient crier les "maux" du corps. Un "bon vivant" dans l'apparence peut très vite se transformer en souffrant. Ce qui m'a touché là et que je veux exprimer, c'est simplement ceci : **faire les bons choix en faisant preuve de bon sens, c'est devenir un "bien vivant" plutôt qu'un "bon vivant"**. Ce ne sont pas les mêmes types de plaisirs et cela demande une réorientation du désir, un recalage sur ses valeurs, des choix et des actes nouveaux. **Décider... pour Oser. Oser s'incarner, oser vivre sans se perdre, oser prendre soin de soi... pour mieux aimer**.

Des livres : repères bibliographiques

Quelques ouvrages complémentaires et très pédagogiques.

- Pour un sommeil réparateur et naturel, Sheila Larery, Le Courrier du livre.
- Le massage, Lucinda Lichell, éditions R. Laffont.
- Le souffle pour mieux être, Ilse Mindendorf, éditions Retz.
- Se libérer par le souffle, Monique de Verdilhac, éditions Albin Michel.
- Les relaxations thérapeutiques aujourd'hui, tome 1 et 2, I.F.E.R.T. éditions L'Harmattan.
- La thérapie par les sons, Olivéa Dewhurst-Maddock, Le Courrier du livre.
- La vague et le sabre, Christine Sionnet, éditions Le Souffle d'Or.
- Le corps et l'esprit, J.R. Millenson, éditions Desiris.
- Au cœur de notre corps, Marie Lise Labonté, éditions de l'Homme.
- Quand l'esprit dialogue avec le corps, rencontres interdisciplinaires, Guy Tredaniel.
- Mon corps pour me guérir, décodage psychobiologique des maladies, Christian Flèche, éditions Le Souffle d'Or.
- La guérison du cœur, Guy Corneau, éditions R. Laffont.
- Variations sur le corps, Michel Serres, éditions Le Pommier.
- Le symbolisme du corps humain, Annick de Souzenelle, éditions Dangles.
- L'intelligence du corps, Debbie Shapiro, éditions Dangles.
- Croyances et santé, Robert Dilts, éditions Epi.

- La révolution du lit, Pierre Fluchaire (et tous les autres livres du même auteur au sujet du sommeil).

✉ Des adresses...

Vous trouverez à la fin de cet ouvrage des adresses et numéros de téléphones utiles pour pratiquer la pédagogie utilisée dans cet ouvrage.

Des carnets d'adresses sont présentés et remis à jour dans les revues Psychologie Magazine ou Nouvelles Clés.

Renseignez-vous auprès de votre Mairie sur les adresses d'associations qui pratiquent des activités de conscience corporelle, telles que l'eutonie, l'anti-gymnastique, la sophrologie, la méthode Feldenkrais ou Alexander, la bio-danse et la leib-thérapie de K.G. Dürckheim. Sinon, n'hésitez pas à vous déplacer pour vivre des stages de plusieurs jours dans l'une ou l'autre de ces pratiques.

Fréquentez de temps en temps les salons tels que "Marjolaine" ou "Vivre et travailler autrement" sur Paris où vous multiplierez vos contacts.

Chapitre 7.

"Il est paradoxal et néanmoins vrai que plus un homme réalise son objectif de vivre une vie confortable et aisée, plus les fondations qui donnent sens à son existence se trouvent menacées."
Franz Alexander

LA SIMPLICITE : Simplifiez votre vie... et profitez

L'entraîneur de vie s'adresse ici à toute personne qui a **le désir de se sortir des énergivores de la consommation et du côté compliqué de la vie quotidienne.**

Si vous avez envie d'améliorer votre relation à l'argent, d'acheter intelligemment, de faire des économies et de profiter de l'essentiel, ceci est pour vous. Les personnes en très grosse difficulté financière (je pense aux RMIstes ou autres cas extrêmes) trouveront certains éléments de "survie" et peut-être une motivation à continuer courageusement leur chemin vers des opportunités nouvelles. Les personnes aisées financièrement seront tentées de sourire à certaines simplifications mais je ne doute pas que certaines questions seront le germe d'une nouvelle vision, voire de décisions de vie vers un bonheur plus vrai. Tous ces repères structurés pour vous, ne sont pas des vérités en soi. À vous de vous sentir touché, éclairé, à telle ou telle proposition. Reliez alors cela à ce que vous avez décidé dans les deux premiers chapitres. Comme pour les autres chapitres, prenez 10% de ces propositions... mais faites-les vraiment !

Construisez votre puzzle vous-même pour prendre vos décisions et continuez à oser.

Un des grands signes de la maturité personnelle est de savoir retourner progressivement à la simplicité. Après des itinéraires parfois complexes et riches d'enseignements, tout tend en définitive vers le retour au simple. Paradoxalement, les gens simples sont riches. Nous découvrirons cela ensemble.

Avant tout, **vos choix doivent s'appuyer sur une vision, un sens et une autonomie** :

- **Une vision claire du chemin "idéalisé"**, semé de vos rêves, inspiré par l'intuition profonde de là où vous devez aller et de ce qui serait bon pour vous. Cette orientation est intime.
- **Un sens**, source de signification liée aux valeurs qui vous habitent et aux croyances utiles, libérantes, pour dégager votre vision. Ce sens, à vous de le structurer en objectifs/décisions de vie pour qu'il s'incarne.
- **Une autonomie**, pour vous dégager des influences et accepter de grandir. Pour accéder à de nouvelles façons d'avoir et d'être toujours plus aimantes.

Se sortir du pilotage automatique sur son chemin, c'est prendre du recul sur ses habitudes de vie pour mieux profiter consciemment de ce qui vous est donné et de ce que vous pouvez offrir. **Simplifier sa vie est une nouvelle aventure de métamorph'ose...**

Enlève le pilote automatique
Et ouvre les yeux sur ta propre direction.
Pourquoi veux-tu simplifier ton voyage ?

QUE VALENT MES VALEURS ?

Désencombrer votre vie sera peut-être pour vous une nécessité économique ou une attitude philosophique, une nouvelle cohérence... ou bien une quête.

Au service de qui, de quoi, placez-vous votre énergie et votre temps ?

Je connais beaucoup de personnes qui s'encombrent tellement pour voyager qu'au moindre obstacle, elles trébuchent mais continuent quand même leur souffrance aveugle. Vous pouvez éviter de "tomber" en lâchant certains attachements. Il n'y a aucun lien entre la quantité des possessions et la sensation d'être heureux ! En apprenant à se désencombrer, une personne "riche" peut y trouver la voie du bonheur ! Être comblé relationnellement, exprimer sa créativité, profiter du temps présent, donner et recevoir dans la joie, aimer et se sentir aimé... c'est cela qui permet de se déposséder ! Or, plus je suis dans l'encombrement, moins j'ai de temps et d'énergie pour permettre à ces qualités de s'épanouir. Plus je m'accroche à mes sécurités, plus je suis rivé au plancher de mes peurs. Plus j'alimente l'hyperstimulation quotidienne, plus je me vide de l'essentiel.

Ernie Zelinski, auteur de "L'art de ne pas travailler", pose la question suivante : *"Si l'argent rend les gens heureux, pouvez-vous m'expliquer pourquoi* :

- *Un sondage* indique que la proportion de gens insatisfaits de leurs salaires est la plus forte parmi ceux qui gagnent plus de 30.000 francs (4573 euros) par mois ?

- *Les gros gagnants* à la loterie ont éprouvé le besoin de former un groupe de soutien pour aider leurs semblables à faire face à une espèce de dépression grave inconnue avant de gagner le gros lot ?
- *Tant de joueurs* de football, de tennis, etc. de haut niveau, malgré les cachets faramineux qu'ils reçoivent, connaissent des problèmes de drogue et d'alcool ?
- *Les médecins* américains, une des catégories professionnelles les plus favorisées, enregistrent les taux de divorce, de suicide et d'alcoolisme les plus élevés du pays ?
- *Tant de gens fortunés* ont maille avec la justice et consultent autant de psychiatres ???

Un agent de change de Wall Street, effaré de voir tant de gens malheureux malgré leur niveau de vie élevé, décida de quitter ce milieu pour simplifier son mode de vie. Il vit actuellement de manière confortable avec... 3000 F (457 euros) par mois ! Il tire son revenu des placements qu'il avait fait à cette époque. De plus, il redonne intégralement l'argent des stages de formation qu'il donne sur l'indépendance financière à des associations. Cet homme est en retraite active depuis l'âge de 29 ans !

Ernie Zelinski donne ainsi maints **exemples édifiants montrant l'importance**, comme nous allons le faire, **de se poser les bonnes questions, nous diriger vers les bons choix et profiter vraiment de la vie.**

Simplifier est un état d'esprit qui s'apprivoise au fil des événements de vie. Ceux-ci nous rappellent "à l'ordre", à unifier nos énergies. Tout ceci est important pour les personnes en difficulté économique. Je côtoie beaucoup de personnes aisées de par ma profession. Combien de PDG, de responsables, de préfets ou autres jeunes cadres de start-up qui, après avoir consacré toute leur vie à leurs revenus... en sont revenus ! À encombrer leurs vies, beaucoup d'entre eux me confient comment ils ont la nostalgie de ne plus jouer de leur instrument de musique favori ou de s'adonner à leurs passions. S'ils voyagent, la plupart du temps, ils n'ont rien vu du pays et des gens merveilleux qui y vivent.

Tout juste ont-ils le temps d'acheter un cadeau à l'aéroport qu'ils ramènent dans un foyer où ils ne font également que passer ! Non, je n'exagère pas ! Si certains ont réussi à échapper à cela, c'est qu'ils ont dû faire des vrais choix et c'est d'autant plus difficile dans ces contextes ! Si vous n'êtes pas "business man ou woman", c'est-à-dire homme ou femme "préoccupé", "affairé", réjouissez-vous.

En ayant moins, vous pouvez avoir mieux : la possibilité d'engager votre énergie de vie qualitativement. Ceux qui gagnent... perdent à la longue autre chose !

Des auteurs anglais se réfèrent aux quatre "C" qui bloquent le processus de simplicité :

- **Le confort, matériel et mental** : nos encombrements peuvent être aussi bien nos possessions extérieures que nos barrages et autres complications mentales. Nos résistances à laisser aller et avoir profondément confiance nous mettent inconsciemment dans un pseudo-confort, prison dorée qui aliène notre vie.
- **La compensation** : celle-ci est liée à l'accumulation des frustrations produites par l'hyperstimulation et les jeux d'influence de notre so-

ciété de consommation (télévision, modes, internet, promotions...)

- **Le conformisme** : difficile d'être soi-même sans être rebelle, tout en restant intégré dans sa microculture. Pour être conforme, combien de choses inutiles subissons-nous ?
- **La concurrence** : l'effet de comparaison devient vite une sorte de compétition consciente ou inconsciente : faire aussi bien si ce n'est mieux que le voisin !

Si tu veux créer la brèche dans tes encombrements, prends un mois d'attention pour chaque "C". Parle de tes observations avec un proche. Construis alors tes décisions (voir chap. 2) et ose les vivre !

Vous seul pouvez décider de ce qui sera bon pour vous, mais l'échange avec des visions différentes permettra à ces décisions de s'ajuster quant aux conséquences, à l'impact sur le monde et les autres.

Cet entraînement sur les "4 C" est vraiment salutaire, tentez l'expérience ! Attention, **tout ceci n'est pas à considérer comme des privations, plutôt comme des espaces libérés dans la joie car les décisions de vie sont préalablement claires.**

Garde ce qui :
- Est conforme à tes valeurs et décisions de vie.
- Génère des choses positives (exemple : investir dans une action humanitaire).
- T'est utile (exemple : une voiture sécurisante, si tu as des enfants).

Pierre Pradervand, responsable de l'association "Vivre autrement"* pose d'emblée cette question : **"C'est quoi, avoir assez ?"**

"Avoir assez, répond-il, **cela ne signifie pas avoir la quantité minimum pour survivre, c'est la quantité exacte qui vous donne une réelle satisfaction sans excès**. C'est donc vous, poursuit-il, qui êtes seul capable de le déterminer en fonction de votre degré de conscience, de votre milieu, de l'époque, etc.". Avoir assez, n'est pas un ascétisme, vous ne devez pas avoir l'impression de vous priver de choses qui vous sont essentielles (à vous de définir cela !).

Avec mon épouse, nous avons choisi par exemple de nous séparer de notre grande maison avec un hectare de terrain. En effet, ce lieu ne nous servait plus... nous étions devenus à son service ! Que d'énergie distribuée pour le tenir en état ! Aujourd'hui nous sommes dans un deux pièces ravissant et toute notre énergie est disponible pour nos décisions de vie... Nous respirons !

Deux auteurs nord-américains expriment très bien que "le gaspillage ne réside pas dans l'abondance de possessions mais plutôt dans le fait de ne pas pouvoir vraiment en jouir. Jouissez-vous vraiment de ce que vous avez ?"

Pendant une grande partie de ma vie active, j'ai eu très peu de moyens et aucune richesse accumulée. J'ai même vécu souvent avec un léger découvert. Cela a été pourtant une période de vie profondément enrichissante où j'ai énormément reçu, où j'ai vraiment profité de chaque instant. J'avais du temps, de l'énergie, je rencontrais des personnes extraordinaires et je redonnais en permanence

---

* Vivre autrement : www.life.int.ch.

ces richesses intérieures aux autres. Je "profitais de la vie" sans biens matériels.

Les détours de la vie me firent vivre l'expérience inverse. Tout à coup, je gagnais beaucoup d'argent (pour mon échelle de valeur, c'est-à-dire environ 2 millions de francs de chiffre d'affaires annuel) et je devenais un homme "préoccupé"... La vie profitait de moi.

Pour ceux qui n'ont pas connu cette expérience, sachez que le rapport gain/coût personnel risque d'être largement négatif :

- **Une course en avant** perpétuelle créant de la fébrilité.
- **Un vécu du temps** incompatible avec une vision qualitative de la vie.
- **Une énergie "vidée" et inversée** : notre réserve d'énergie, véritable compte en banque intérieur, se vide au fur et à mesure que les richesses matérielles s'accumulent dans les coffres. Le risque est de se retrouver à découvert dans son "fort" intérieur.
- **L'épuisement des réserves** est réel dans l'organisme : le foie (banque de sucre), les surrénales (donneur d'ordre) et les intestins (carrefour des conflits) font la grève et bloquent la circulation de la vie. Le chef d'orchestre, la tête, entre en guerre et le cœur se ferme à tout "état d'âme".
- **La qualité de la relation** dans la famille, avec les proches, les amis (s'il en reste !) se dégrade de telle manière que l'on parle aujourd'hui de la grande solitude des responsables.

Enfin, la place de la quête spirituelle ou de la réalisation de vie, devient si infime devant l'intérêt pour les cours de la bourse que les états dépressifs, obsessionnels ou névrotiques sont extrêmement fréquents au stade final de cette course à l'accumulation et à la complexification.

J'ai flirté avec tout cela, dans mon propre organisme ou en côtoyant un certain temps des personnes qui me faisaient un miroir salutaire. Fort heureusement, j'ai rencontré des personnes riches matériellement et apparemment heureuses... ayant eu le courage de tout arrêter pour jouir de ce qu'elles avaient et faire circuler positivement leur argent. Elles avaient trouvé leur adéquation avec la question : "c'est quoi, avoir assez ?" et avaient pris à temps les bonnes décisions !

N'oublions pas qu'**avec l'argent nous troquons sans cesse notre énergie de vie !**

À l'inverse, pour les revenus modestes (je ne parlerai pas là des cas de vraie pauvreté où nos politiques ont un véritable rôle à jouer), comment mieux gagner, comment mieux consommer pour assurer un "avoir assez" qui permettrait de profiter de la vie ?

Lucidement, acceptons déjà que dans notre culture "capitalisée", ce ne soit pas tant la quantité de revenu qui est insuffisante (mais cela est perçu comme tel) mais plutôt la manière dont on utilise ce que nous gagnons qui pose un réel problème. Si vous avez bien observé les "3 C" décrits plus haut, vous découvrirez entre autre l'importance de vous distancier des conditionnements et de voir en face ce cercle vicieux "énergivore".

Simplifier sa vie... et profiter est un véritable chemin d'attention consciente qui nous place en face de la réalité tout en nous invitant à rester fidèles à nos valeurs.

Tes problèmes "économiques" relèvent davantage de tes valeurs, de tes décisions de vie que de l'économie elle-même. C'est ton énergie de vie que tu troques. Chaque transaction est une occasion de t'estimer ou de te dévaloriser !

L'ART DE SE CONSOMMER ET DE SE COMPLIQUER LA VIE

1. Influences
Projection de l'ego Création d'attentes.
Croyance : J'ai le droit d'avoir tout de suite et c'est bien.

2. Consommation aveugle, faux besoins
Ex : la paire de « Nike » pour courir

3. Comparaison/compétition, prouver sa valeur
Ex : je veux à tout prix le même blouson que tel ou tel modèle.

4. Pouvoir - identification pour exister, devenir « quelqu'un »
Ex : la dernière BMW rouge

5. Compensations/ comportements compulsifs,
Ex : dépenser soulage

6. Consommation de substitutions compulsive
Ex : Sortir tous les soirs en boîte

7. Gagner plus. Besoin de plus de complexification de la vie. Fébrilité.

8. Consommation sans profiter.
« Je n'ai plus le temps »
Ex : un sandwich le midi en vitesse.
Problèmes psycho-somatiques

9. Création de problèmes de vie.
Ecarts rentrées/dépenses
Dettes, problèmes relationnels, difficultés au travail.

10. Conscience aveugle.
Consommation suicidaire.
Je ne compte plus/on me demande des comptes.

11. NON-SENS
Pauvreté intérieure
dévalorisation

Ta vie est remplie d'obstacles.
Le plus grand, c'est TOI !
Te dépenses-tu en excuses pour pouvoir dépenser?
Apprends de tes erreurs de sorte que tu pourras les refaire plus lucidement la fois suivante !

Nous avons un art de nous consommer et de nous complexifier la vie assez extraordinaire ! De plus nous pouvons être très sincères dans l'erreur... Reconnaissons-nous en partie dans le cercle "énergi-vore" qui représente cela.

L'absence d'un véritable sens à la vie crée une forme de pauvreté intérieure et de dévalorisation personnelle qui attire bien souvent toutes les difficultés du monde.

Tu attires et tu produis ce que tu es.
Les gens heureux prennent des décisions.
Les autres ruminent leurs souhaits.

Si tant de marchands, de médias publicitaires arrivent à nous faire "craquer" pour autant de choses inutiles dont nous n'avons absolument pas besoin, c'est qu'une image forte qui imprègne une image de soi fragile, est une influence suffisante pour créer le déclic attendu : projeter son ego à l'extérieur plutôt qu'à l'intérieur, c'est-à-dire vers la belle voiture, les produits d'apparence, les faux besoins ou désirs "énergivores". La consommation "aveugle" est déclenchée et le message "subliminal" entretenu est : "Vous avez le droit d'avoir tout, tout de suite et cela est bien !"

Apprends à reconnaître le phénomène du désir "énergivore" : ce n'est pas un besoin essentiel, c'est une impulsion que tu contrôles mal, que tu dois satisfaire sinon tu te sens malheureux. Si tu perçois cela, ce désir est en train de te manipuler et te place sous contrôle.

Vous vous laissez consommer ! Prenez profondément conscience de cela, tout en continuant pendant un moment vos habitudes.

La société crée des attentes, vos demandes peuvent être différentes ! Pourquoi acheter deux fois plus cher une paire de chaussure de sport pour un mot "mythique" cousu bien en vue dessus !? Qui profite le plus ?

Nous identifier à ce qui nous est proposé comme le "top", le plus "fun", "out" ou "cool", nous dévalorise intérieurement, c'est un hold-up de notre vraie personnalité. Nous entrons alors en comparaison puis en compétition, voire en coercition ! Voyez le racket entre jeunes pour obtenir les produits de marque. Pour exister, nous appauvrissons nos valeurs et nos comportements.

Le jeu des compensations et des comportements compulsifs peut envahir la vie et ainsi nous pouvons devenir le consommateur "accro" rêvé des marchands d'illusion, passer le seuil de nos vrais besoins.

Le cycle "besoin de plus/gagner plus" s'installe et la vie commence à se complexifier au fil du temps :

- **Pour consommer, acquérir, il faut du temps supplémentaire**, du fait que tu dois travailler plus, tu prends ce temps sur les zones essentielles (repas rapides, abandon du contact avec la nature, de la contemplation, relations "efficaces" mais peu profondes, etc.) et tu te compliques la vie avec soi-disant tes "bons plans", tes gadgets dernier cri, l'accumulation des rendez-vous dans les endroits où il est bon de se montrer, sans compter la course dans tous les magasins pour trouver le dernier cri de la technologie qui sera dépassée dans six mois !...

- **Pour utiliser tes acquisitions**, il faut apprendre à s'en servir (manuels hermétiques qui prennent du temps et de l'énergie) et trouver où les stocker (un bateau, une caravane...).
- **Pour protéger ton butin**, plus tu élèves ton seuil de luxe, plus tu auras peur d'être volé. Tu dois alors t'équiper en systèmes d'alerte et de protection, mettre ton énergie dans cette sécurité extérieure.
- **Pour assumer tous tes achats à crédit**, tu seras incarcéré pendant 5 à 10 ans au plus, dans un système de travaux forcés, otage que tu es d'une toile d'araignée tissée comme un piège.

Sur cette complexification et ces encombrements, les problèmes de vie trouvent là un terrain favorable pour se développer : problèmes de couples, tensions relationnelles avec amis et collègues, difficultés et conflits au travail, symptômes psychosomatiques et... à nouveau une dévalorisation personnelle, un sentiment de manque de bonheur réel. Il ne s'agit pas pour autant de sombrer dans le négativisme ou le refus total du système. Après avoir suscité notre lucidité sur l'avoir et la complexification, nous allons mieux comprendre d'autres processus et ceci de manière pratique. Comment simplifier et consommer intelligemment en restant partenaire du système imposé ? Avec une conscience aiguisée, vous ouvrirez cet espace désencombré à une vie plus profitable.

L'ART DE S'ENRICHIR SANS SE PERDRE ET DE SE SIMPLIFIER LA VIE

Il est d'une grande importance que vous ayez pu définir ce qui est "assez" pour vous et que vos décisions de vie, votre "essentiel" soient bien clairs pour avancer dans cette nouvelle phase. Celle-ci est une pratique du quotidien qui est profitable, si elle est vécue dans la paix, dans la joie, et porteuse d'énergie constructive autour de vous. **L'argent et l'avoir peuvent vous complexifier la vie ou la libérer.** Le mot "payer" ne vient-il pas d'ailleurs de "pacifier" ? À chaque décision, à chaque transaction, mettez-vous un peu plus en paix et faites circuler la vie.

L'entraîneur de vie m'a offert la belle spirale de réconciliation pour transformer les énergivores en activité créatrice. Que nous apprend-il ?

- **"Écoute ta vocation**" : Savoir pour quoi je suis fait dans la vie, quelle est ma mission, est le meilleur garant pour garder le cap du vrai enrichissement personnel. En découvrant sa vocation, il semblerait que ce qu'il nous faut, nous est donné. Se sentir à sa place est un pôle d'attraction positif dans la vie. Pour cela, prends du temps… laisse-toi méditer pour accueillir l'information intérieure (nous explorerons ces aspects dans le quatrième guide de cette collection : "la merveilleuse sagesse de l'Être"). Écoute tes rêves, les "personnes repères", crois que tu es de toute manière guidé vers là où tu dois être et que les événements, bien compris, t'y amènent sans cesse. Ose et trompe-toi jusqu'au moment où tu seras "mûr".

Alors, tout te sera donné, simplement.

L'art de s'enrichir

et de se simplifier la vie

Spirale de l'entraîneur de vie

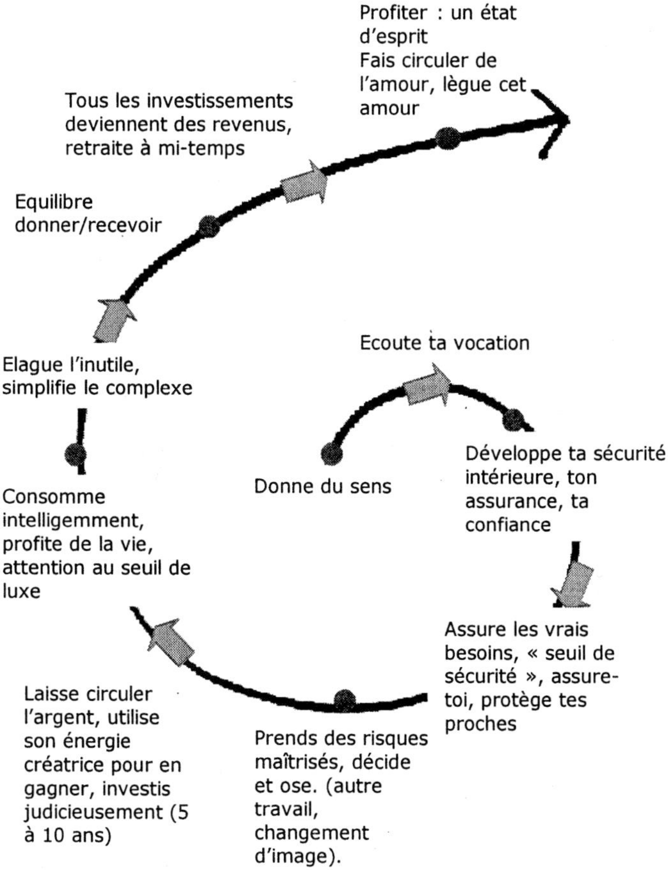

Tu réussis, si tu as ce que tu veux.
Tu es heureux si tu profites
de ce que tu as.
Si tu veux doubler ton taux de réussite,
il suffit de doubler celui de tes prises de risque.
Si tu veux être heureux dans ta réussite,
dépossède-toi, simplifie et fais fructifier l'amour.

- **Développe ta sécurité intérieure, ton assurance, ta confiance.** Découvre ta vraie sécurité : être réaliste, avoir les pieds sur terre et être équipé en G.B.S. (Gros Bon Sens) est indispensable pour tenir la route de l'enrichissement. Le mot sécurité vient du latin *securus*, qui signifie "absence de crainte". C'est avant tout un acte intérieur et non pas une accumulation de richesses extérieures pour se rassurer. Détends-toi et cultive ta confiance. Observe simplement comment, avec le recul, tu as traversé des moments difficiles et vois avec l'expérience combien d'énergie inutile tu as dépensé dans ces moments-là.

Lâche prise de tes craintes, elles ne font qu'alimenter le problème (revois les deux premiers chapitres).

- **Assure les vrais besoins, repère ton "seuil de sécurité", assure-toi, protège tes proches**. Mets en place un bilan financier et établis ton véritable seuil de sécurité : quel est ton minimum pour vivre par rapport à tes vrais besoins ? Ce sera ton "camp de base". Constitue une trésorerie rémunérée et disponible de 3 à 6 mois de revenus, pour faire face à l'urgence, mais pas plus. Contracte une bonne assurance en cas d'invalidité de manière à ne pas être pénalisé au cas où tu devrais cesser ton activité. Renégocie toutes tes autres assurances (maladie, mutuelles, etc.) et vérifie que tes proches sont bien protégés.

Tu peux ainsi avoir l'esprit tranquille pour profiter... et commencer à t'économiser.

- **Prends des risques maîtrisés, décide et ose**. Fais le point, voire un bilan sur ton activité professionnelle, afin de rédiger un nouveau C.V., plus conforme à tes aspirations réelles. Fais-toi aider, établis un réseau relationnel et cherche un autre travail plus satisfaisant et plus rémunérateur. Au 21e siècle, la recherche permanente d'un emploi est un entraînement nécessaire. Reste en permanence ouvert sur les opportunités et les relations. Tu seras surpris de constater que bon nombre de personnes parties de rien sont devenues aisées et plus proches de leurs aspirations grâce à cette vivacité professionnelle. Développe ta créativité et ton opportunisme positif. Sois également attentif à ton image qui doit évoluer (sans en être prisonnier, joue bien ton rôle d'acteur professionnel... sans être comédien !).

- **Laisse circuler l'argent, utilise son énergie créatrice pour en gagner, investis judicieusement.** Une bonne fois pour toute, réalise que l'argent, l'avoir, n'est ni bon, ni mauvais en soi, c'est simplement un prolongement de ton niveau de conscience et de ton énergie d'amour. Tu as le droit d'en recevoir et d'en donner et le devoir de le faire circuler comme le sang, la vie dans ton organisme... fluide, sans entrave. Es-tu un anorexique monétaire, un constipé ou un diarrhéique de tes richesses ? Observe tes comportements pendant 2 à 3 mois, demande à un proche de te faire miroir, accepte les retours sans te défendre et médite sur ce qui apparaît. Commence à jouer à ce paradoxe : économise en profitant. Grâce à ton nouveau travail et à des revenus supplémentaires que tu estimes bien mérités, commence à placer et à investir de l'argent. Non pas pour ta retraite, mais bien pour vivre ta vie jusqu'à la fin de façon satisfaisante (ce n'est pas la même chose !).

Stephen H. Pollan, auteur de l'excellent ouvrage *"Dépensez tout, vivez heureux"* était le conseiller financier le plus écouté d'Amérique. Sa thèse est particulièrement intéressante et nous nous en inspirons. Son expérience montre l'absurdité des croyances traditionnelles qui voudraient que "*l'on meurt en laissant derrière soi un maximum d'argent et de biens, produits du labeur d'une vie entière*". Il démontre que, loin d'être de l'égoïsme, "*il faut tendre à ne plus avoir un sou sur son compte le jour de sa mort*".

Cela peut te sembler provocateur et inconscient mais réfléchis bien ! N'est-il pas plus sage et aimant de faire circuler de son vivant ses profits ? De rendre ses proches heureux ? De créer des projets créatifs ? De permettre à ses enfants, en les aidant au bon moment, de construire leurs projets eux-mêmes dans cette vie ? De les rendre autonomes et plus riches intérieurement ? Ils trouveront ainsi eux-mêmes facilement les ressources dont-ils ont l'utilité pour réussir. C'est une expérience de vie qui permet de grandir et de mûrir ! Si tu prends conscience de cela suffisamment tôt dans ta vie, **tu ne laisseras tes économies fructifier que le temps nécessaire pour qu'elles se transforment le plus rapidement possible en revenus**. Sur l'ensemble de ta vie, 5 à 10 ans peuvent suffire. Certains gestionnaires ne sont à la solde ni des banques ni des maisons d'assurance et font d'ailleurs partie d'un syndicat qui assure le sérieux et l'indépendance de leurs conseils (même s'ils ont des intérêts commerciaux, bien entendu). Trouve avec eux le placement qui donnera **le bon rapport rentabilité/souplesse d'utilisation/avantages fiscaux** et si tu le souhaites un placement éthique.

Dix ans après, **ces richesses transformées en revenus te permettront de moins travailler pour mieux profiter**. Un réflexe sécuritaire curieux et archaïque veut que nous possédions jusqu'à la fin de nos jours un "toit" pour nous abriter. Que d'énergie immobilisée ! As-tu pensé qu'en revendant au bon moment ta propriété, tu peux la transformer en revenus pour profiter de la vie et de tes rêves. Tu seras largement gagnant en louant une petite maison sympathique où tu n'auras aucun souci d'entretien lourd et beaucoup moins de taxes ! Une autre astuce consiste à te rémunérer tout en restant chez toi par un viager bien négocié. N'immobilise rien définitivement, remets en mouvement au bon moment. Établis un "héritage vivant" avec tes proches et crée de nouveaux projets de vie. Tu auras appris entre temps à consommer intelligemment donc à faire encore plus d'économies. Profiter n'est pas synonyme de consommer et ton énergie sera circulante.

- **Consomme intelligemment, profite de la vie, attention au seuil de luxe**. Il s'agit ici de prendre, pour toi, les éléments qui te seront les plus utiles. Ce sont des repères structurés. Applique ce qui te donnera en retour de la satisfaction, et progresse à ton rythme. Ceci dit, pour les personnes qui se trouvent enfermées dans des situations difficiles (difficultés à maîtriser leurs achats par exemple), avec des comportements compulsifs ou "sous influence" plus ou moins consciente, il sera très utile d'essayer pendant une année d'emprunter le parcours du consommateur intelligent. Ne mélange pas les cartes : **mois par mois, avance simplement sur un point d'attention et intègre-le**. Ta vie financière, au bout d'une année, en sera vraiment transformée positivement.

Tu auras plus de revenus et de temps pour profiter de l'essentiel.
Attention, tu risques d'être plus heureux au bout du (des) compte(s) !
Élague l'inutile, simplifie le complexe.

Exercice :

Janvier

Fais le grand débarras et désencombre-toi.

- Toute chose inutilement possédée, consomme ton énergie personnelle, libère ton espace.
- Regarde en face tes accumulations et ose te débarrasser de l'inutile avec joie, donne à celui qui en a besoin, fais recycler et remets en mouvement tes "immobilisations".

- **Exemple 1** : Donne ou échange tous les vêtements que tu ne portes plus depuis deux ans. On peut en faire un gros sac ; si tu ne l'as pas ouvert au bout de deux fois le cycle des saisons, tu peux t'en séparer. Bien entendu, c'est valable pour tous les objets que tu possèdes.

- **Exemple 2** : Laisse aller tes livres, tes connaissances. Combien de livres accumulés (ou revues) encombrent ton espace ? C'est aujourd'hui aussi le cas pour les K7 vidéo, Cdrom et compact disc. Pierre Pradervand raconte dans un de ses ouvrages comment il a réussi à limiter à neuf mètres l'étalage de ses connaissances. La longueur exacte et suffisante pour son petit bureau. Tu peux, à chaque achat d'un nouveau support de connaissance, remettre en circulation un ancien support.

Se débarrasser d'une chose est difficile car tu actives, alors, ta peur de manquer, inscrite en toi depuis l'aube des temps. Donne donc un sens à ton acte et oriente ta conscience aux antipodes de la peur : **alimente la joie ressentie de donner, de transformer**. Un bonus : les personnes qui font le "grand débarras" dorment mieux ensuite !

Décision personnelle, ce que je vais oser faire :

Février

Maîtrise ton seuil de luxe,
passé un certain temps il devient luxure,
en ce sens il appauvrit
ton véritable enrichissement !

Ernie Zelinski dans *"L'art de ne pas travailler"*, explique que les gens les plus favorisés se rendent malades, jusqu'à mettre leur vie en danger, pour acquérir encore plus d'argent et de biens. Beaucoup même se sentent frustrés et vides, une fois leur objectif réalisé. Le seuil de pauvreté, dit-il, tel qu'il est défini dans nos sociétés, correspond souvent à la situation des classes moyennes et supérieures du tiers monde. À une certaine époque, un téléviseur noir et blanc était considéré comme un luxe. Luxe bientôt supplanté par le téléviseur couleur, qui est devenu une nécessité. Nous commençons à vouloir maintenant le home-cinéma, alors que le téléviseur est implanté quasiment dans tous les foyers vivant en dessous du seuil de pauvreté.

Le pourcentage de famille ayant deux voitures et plus, a triplé et un Européen ou un Américain possède et consomme le double que dans les années 50... et se plaint aussi deux fois plus ! **Le seuil de luxe grimpant de façon beaucoup plus rapide que notre conscience, les frustrations s'accumulent au gré des conditionnements de la culture marchande et de ses médias.**

Le consumérisme effréné ronge ton "seuil de bonheur". Concrètement, sois attentif pendant tout le mois de février à observer profondément ce rapport à ton seuil de luxe, celui qui est bon pour toi et non celui qui te consomme. Vois cette course en avant vers le dernier modèle, le plus high tech, le plus... et décide de quel luxe tu as réellement besoin pour nourrir ta part de jouissance.

Tu remarqueras que **plus tu seras heureux, plus cette jouissance changera de nature. Contempler un magnifique paysage sera peut-être le plus beau film en couleur de ta vie !** Tout peut être à toi, mais est-ce cela que tu désires vraiment ? Qu'est-ce qui fait ton vrai bonheur ? Comment profiter de ce que tu as sans vouloir toujours plus ? Tes avoirs sont légitimes, mais réfléchis sur "combien" ! et "pourquoi" !

Maîtrise mieux ton seuil de luxe, tu respireras mieux.

Décision personnelle, ce que je vais oser faire :

Mars

Sois conscient des jeux d'influence.
Avant d'acquérir, es-tu identifié
en train de te comparer, en compétition ou dans
une forme de comparaison ?
Comment ton attente est-elle manipulée ?
Comment te manipules-tu toi-même ?

Achètes-tu cette paire de Nike ou Reebock pour ressembler au modèle fun proposé par les rois du marketing ? Te compares-tu à ton sportif préféré (prends plutôt une de ses vraies qualités et arrête de vivre par procuration !) ? Marques-tu un signe de rivalité voire d'agressivité dans ton achat symbole de marque (on doit te re-marquer, tu es en défi dans la relation, etc.) ou encore est-ce à l'issue d'une frustration, que tu vas acheter cher ce qu'on t'a peut-être fait "payer cher" ? 10% de conscience en plus sur ces jeux bien humains et c'est peut-être 20% d'économie pour te faire vraiment plaisir, sans être joué, et sans problèmes financiers à la clé.

Reste au plus proche de tes valeurs et de tes décisions de vie.

Décision personnelle, ce que je vais oser faire :

Avril

Maintenant, pour chaque achat,
pose-toi ces questions :
- Ai-je vraiment besoin de cet achat ?
- Pourquoi est-ce que je l'achète ?

Sans être rigide, à chaque mouvement d'achat, pendant un mois, applique une seconde ce questionnement. C'est un réflexe qui va te permettre de tenir ta réponse à la question déjà repérée ensemble : "c'est quoi avoir assez ?". Cela te permettra de ne pas "te faire avoir" par les jeux d'influence et tes comportements jusque là peut-être inconscients.

C'est profondément satisfaisant de se sentir libre !

Demande-toi si tu vas utiliser cet achat ou si celui-ci va te posséder.

Vois tout de suite comment, à quelles occasions, tu pourrais appliquer cela : en ai-je besoin ?

Pourquoi je l'achète et vais-je être le bon gérant de cet achat ?

Décision personnelle, ce que je vais oser faire :

Mai

Vais-je utiliser souvent cet objet ?
Le coût pour fabriquer cet objet est-il à la hauteur de ce que je vais en faire ?

Combien de fois ai-je acheté moi-même pour satisfaire un désir immédiat et non un vrai besoin, des objets dont je me suis débarrassé, depuis. Je me souviens d'un magnifique engin, style vélo d'appartement, relégué à la cave au bout de deux mois. Mon vrai besoin, c'était de marcher, faire du vrai vélo dans la nature et je me servais... deux fois par mois de ce nouvel appareil. Il aura fallu pour le construire, des matériaux coûteux, de l'énergie, de la main-d'œuvre... pour en définitive le mettre au chômage !

Comment peux-tu porter attention, tout le mois de mai à ce questionnement ? À quels objets penses-tu qui sont "en attente" chez toi ?

Décision personnelle, ce que je vais oser faire :

Juin

Quel impact écologique aura mon achat sur les générations à venir ?
Dans quelles conditions et par qui ce produit a-t-il été fabriqué, avec quelle éthique ?

Le bon côté des influences médiatiques, c'est tout de même que nous arrivons à recouper suffisamment les informations pour connaître les dessous des grands dossiers de corruption, d'hygiène alimentaire, de non-respect des droits de l'adulte et de l'enfant.

S'informer est un devoir pour mieux consommer !

Est-ce que tu participes, dans tes achats, à léguer une planète propre, est-ce que tu t'informes sur l'éthique des produits proposés ?

- **Exemple 1** : Si tu dois acheter un meuble, tu as le choix d'acquérir celui-ci avec la garantie que l'arbre abattu a été remplacé par un autre qui aura été planté.
- **Exemple 2** : Certains tissus, vêtements, ont maintenant un label qui garantit que ces produits ont été confectionnés dans le respect des droits de l'homme.

Poser des questions simples à tes fournisseurs, c'est les éduquer et les inciter à aller dans ce sens. Reste ferme sur ta position. **L'acheteur a le pouvoir d'orienter les politiques de production** (regarde les derniers scandales et leurs avancées significatives pour le consommateur).

Une petite méthode inventive qui circule dans les milieux écologiques a le mérite d'être très pédagogique, c'est pourquoi je me permets de te la confier. Apprends donc à utiliser les quatre "R" :

- **Réduire ton budget** d'électricité en modifiant le système de chauffage, en plaçant des ampoules longue durée et en isolant mieux l'habitation.
- **Réutiliser ou aller "récupérer"** des objets pour en faire autre chose (éléments électroniques, mécaniques...).
- **Recycler** le papier, le verre ou rapporter les plus dangereux (piles...) dans les boîtes conçues à cet effet.

- **Remplacer certains produits** décapants pour toitures, escaliers ou balcons achetés très chers, par un simple mélange d'eau de Javel pure ou diluée. Votre voiture diesel par une voiture à air comprimé, etc.

Quels réflexes vais-je mettre dès maintenant en œuvre ? avec ces quatre "R" ?

Décision personnelle, ce que je vais oser faire :

Juillet

Cherche au moins deux prix différents pour un même achat, avant de prendre ta décision (hors petits achats). Vérifie toujours le rapport qualité/prix/avantages retirés. S'il est positif, tu en retireras satisfaction.

Voici deux réflexes qui seront utiles pendant ce mois d'été :

- **Le premier est un réflexe de bon sens** qui t'évitera de continuer à acheter en "aveugle", ce qui, au bout d'une année de consommation, te permettra peut-être de profiter d'un grand week-end de vacances.
- **Le deuxième est un état d'esprit** qui permet d'évaluer ce qui vaut le coup et, à plus long terme, possible.

Je me souviens avoir gagné suffisamment d'argent de poche en fin d'études universitaires pour m'offrir un très bon amplificateur et deux enceintes de qualité pour le plaisir d'un son musical tel que je le souhaitais. 27 ans plus tard, sans aucune panne, je profite toujours de cet achat. J'ai dû par contre changer trois fois les autres éléments HI-FI achetés à bas prix et qui m'auront coûté beaucoup plus cher au final.

Pense également à bien utiliser les soldes ou autres promotions, sois vigilant à l'énergie et au temps dépensé. Comment vas-tu t'y prendre pour ton prochain achat ?

Décision personnelle, ce que je vais oser faire :

Août

Sois créatif et définis toi-même
ton nouveau point de vigilance.
Sois là ton propre entraîneur de vie
et profite de l'été !

Décision personnelle, ce que je vais oser faire :

La rentrée ! Courage, tu as déjà intégré plein de bonnes choses qui vont commencer à porter leurs fruits. Tout ceci te paraît évident ! Tant mieux ! Alors commence à passer du savoir à faire vraiment. Traduis tout cela dans une manière d'être globale en reliant ces différents éléments. Ce sont les choses les plus simples qui sont souvent les plus profondes...

Écoutons l'entraîneur de vie pour passer les obstacles avec aisance.

Septembre

Exerce-toi à la prise de recul pour mieux t'élancer et consentir à ton désir.

Concrètement, voici trois propositions faciles à appliquer :

- **Proposition 1 : Prends un délai systématique de 24 h** (sauf réelle opportunité) lorsque tu sens que tu vas craquer pour un petit plaisir (n'oublie pas que c'est pour un mois seulement, pour éveiller, aiguiser tes nouveaux réflexes) et ensuite agis au bon moment.
- **Proposition 2 : Mets sur une liste tout ce que tu as envie d'acheter** (hors petits achats du quotidien), un nouveau lit, des verres à apéritif, un tapis, un organiseur, un abonnement, une décoration de jardin, etc. Laisse en attente la liste au minimum un mois, puis sois honnête et regarde les envies réelles qui persistent.
- **Proposition 3 :** Plus radicale, certains auteurs proposent **un moratoire d'achats de trois mois** surtout pour ce qui n'est pas de première nécessité.

Résultat : la plupart du temps, une solution créative surgit pendant la période de réflexion

avec un même résultat et des économies conséquentes.

À quel type de prise de recul vas-tu t'entraîner ce mois-ci et comment ?

Décision personnelle, ce que je vais oser faire :

Octobre

Exerce-toi autant que possible aux solutions créatives dans tous les aspects du quotidien. La créativité est la première qualité de ceux qui sont heureux !

Nous l'avons vu, les prises de recul sont des moments propices pour stimuler des solutions neuves et porteuses de sens.

Chaque événement de vie est un cadeau pour nous "bouger" dans nos ressources.

S'enrichir, gagner un temps fructueux, est une invitation à nous transformer en un artiste créateur d'idées, d'initiatives et d'actes concrets.

- **As-tu pensé à produire plus par toi-même** ce que tu achètes très cher ailleurs, qui te demande en outre de travailler dur et de payer encore plus d'impôts ?

  Plus tu auras de temps, plus tu pourrais avoir du plaisir à consommer ta propre production. As-tu un talent caché de bricoleur, de jardinier, de confectionneur ou de boulanger ?

- **As-tu pensé à économiser tes transports** en rapprochant le domicile du lieu de travail, d'un accès aux transports en commun, des commerces ?

  As-tu proposé à tes voisins ou collègues d'organiser un co-voiturage ?

  As-tu pensé, si tu habites une ville, à opter pour cette nouvelle petite voiture à air comprimé, rechargeable à la maison, coûtant 7 F (1,06 euros) aux 100 km, non polluante et déjà commercialisée sans publicité tapageuse ?

- **As-tu pensé à organiser des vacances avec des solutions originales** et peu coûteuses : rando-vélo, location à plusieurs d'une péniche ou d'une roulotte ?

- **As-tu pensé à** :

  . te procurer les revues Bio-contact et Info-diet, mensuels gratuits en magasin de diététique contenant d'excellents articles.

  . visiter une mine d'or : les lycées techniques de maroquinerie, cuir, pelleterie, chaussures, cordonnerie, prêt-à-porter, pressing, tapisserie, beauté, pédicurie, coiffure, bijouterie d'art, restauration... deux à quatre fois moins chers ! Les objets et les soins sont confectionnés et effectués par les élèves de dernière année sous le regard expert de leurs professeurs. Dans les vingt-huit académies françaises, les lycées d'enseignements professionnels te proposeront leurs spécialités (en général sur rendez-vous) à des prix défiants toute concurrence et dans une ambiance sympathique. Renseigne-toi auprès de ton académie ou à la mairie.

  Si tu es internaute, n'hésite pas à contacter www.mistergoodeal.com pour des achats de matériels destockés à 30% moins chers. Les boutiques existent déjà depuis longtemps, mais étaient introuvables et la perte de temps et d'énergie annulaient le bénéfice récupéré.

Le système se sert de toi ?... apprends à mieux te servir de lui, en tenant tes valeurs !

Le premier réflexe, pour ce mois d'octobre, sera à chaque instant de te demander : "Puis-je faire autrement ? Quelle est la solution créative pour m'économiser, gagner du temps pour mieux m'enrichir ?"

Quelle sera ma première solution créative ?

Décision personnelle, ce que je vais oser faire :

Novembre

Chaque solution, chaque achat, sont-ils cohérents avec ta vision, ton sens, tes objectifs de vie et ton niveau d'autonomie ?

Une attitude de recentrage global avant chaque décision est un excellent réflexe à acquérir. À ce stade, ce n'est plus un "truc" que tu appliques, ni un comportement d'apprentissage mais bien une "manière d'être là" dans ton acte, centré et clairvoyant. Tous les conseils pratiques que tu as expérimentés jusque là se "catalysent" en une seule attitude de fond. Tu changes alors la nature de la relation à l'avoir en le reliant à l'Être. C'est à ce moment que tu comprendras que tu es quelqu'un de riche !

Note ce que tu ressens, ce que tu éprouves à chaque acte un peu plus centré.

Décision personnelle, ce que je vais oser faire :

Décembre

Deviens la méthode.
Sois un bon entraîneur de vie.
Sors le bon jeu au bon moment.

En ce mois de décembre, fin de ce cycle d'un an d'entraînement à la simplification, il est temps de trier dans tout cela pour inventer ta façon de faire, ton propre puzzle, tes propres solutions créatives. Tu peux rejouer une deuxième année, si tu veux ancrer le processus ou le réinventer avec de nouvelles propositions.

Profite des fêtes de fin d'année pour faire quelques "petites folies" ou être original et créatif dans les cadeaux. À toi, lecteur patient et curieux, tous mes vœux pour faire des vrais profits en simplifiant ta vie !

Écris ton premier pas vers ta méthode.

Décision personnelle, ce que je vais oser faire :

PROFITER, UN ÉTAT D'ESPRIT

Vous êtes passé par "le trou de l'aiguille", vous vous êtes simplifié la vie pendant une période précise et de nouvelles habitudes salutaires ont vu le jour. Désencombré extérieurement et intérieurement, vous allez pouvoir, sans frustration, goûter un nouvel art de vivre.

Je me retrouve beaucoup dans les propos de cet homme anonyme cité par Zelinski, qui raconte qu'il se sentait avec son épouse millionnaire en amitié, multimillionnaire en amour conjugal et surtout milliardaire en sens de la vie. Il avait calculé qu'il disposait de 10.000 instants présents de six secondes dans une journée ! La même richesse que Bill Gates ! Eh oui, vous aussi possédez exactement ce même potentiel de richesse.

Si tu as eu le plaisir (oui ! oui !) de progresser avec ton entraîneur de vie jusque là, une chose est certaine : tu sais mieux où tu vas, tu as plus de vitalité, tu sais comment oser, tu capitalises tes réussites, tu as retrouvé de l'espace et du temps et déjà peut-être fait des économies.

Alors commence vraiment à profiter de la vie, donne-toi cette permission.

Voici une douzaine de questions que l'entraîneur de vie te propose de méditer. Si tu as répondu "oui" à plus de sept questions, bravo, tu es un "bien vivant" (à ne pas confondre avec un bon vivant), si tu n'as pas franchi cette barre, reprends tranquillement ce livre à son début.

1. Ressens-tu un espace de liberté pour vivre. Te fais-tu respecter dans cet espace ?

2. Te sens-tu réellement bien dans ton corps (au-delà des "clichés") ? et dans ta vitalité ? Te sens-tu respirer calmement, profondément, sans ressentir d'empêchement, de gêne ?

3. As-tu le sentiment de partir tranquillement, à temps, à tes rendez-vous personnels et professionnels ?

4. Ta vie est-elle rythmée, te sens-tu dans un bon rythme au quotidien ?

5. As-tu le temps nécessaire pour pratiquer les activités culturelles que tu aimes (artistique, conférences, voyages...) ainsi que des activités physiques ou ressourçantes qui te regénèrent ?

6. Te donnes-tu des "permissions" facilement ?

7. As-tu développé des plaisirs constructifs, qui te ressourcent dans la vie (contempler la nature, méditer, marcher, l'humour, l'érotisme).

8. As-tu le temps de cultiver l'amitié et d'être en "paix relationnelle" avec tes proches ?

9. Te sens-tu financièrement en ordre (ni dette, ni trop d'encombrements) ?

10. Te réveilles-tu le matin avec un sentiment de joie, t'endors-tu le soir avec un sentiment de paix ?

11. Te sens-tu dans la vie au plus proche de ce que tu es, en cohérence avec tes vrais désirs ?

12. Est-ce que ta petite part de "folie" (s'offrir un plaisir inhabituel) peut s'exprimer facilement !

Profite, jouis de ce que t'offre la vie, c'est permis, c'est légitime. Accède au plaisir d'être,

au-delà des hauts et des bas, c'est le cadeau de la simplicité.

Encore faudra-t-il vraiment discerner, comme nous le rappelle "papa Freud" : quel plaisir ?

Le principe de plaisir est identique au principe de mort, nous rappelle-t-il. Il nous faudra donc trancher pour passer de nos plaisirs de compensation ou de désespérance (excitants, calmants ou autres produits/objets et comportements qui voilent notre solitude, n'éveillant que nos fantasmes et nos illusions) aux plaisirs de ressour-cement, qui nous ramènent à la source sans nous détruire, qui sont durables ou renouvelables en maintenant notre intégrité, qui respectent notre prochain, qui nous font vibrer d'amour naturellement et nous portent vers des projets créateurs de sens.

Ce type de plaisir est déjà là, en nous. **La personne "simplifiée", "désencombrée" connaît la paix relationnelle et a pu construire un "réseau de confiance" qui sera sa meilleure "assurance" pour l'avenir**. Elle dort bien, signe de son contentement profond. Le manque d'argent ou l'encombrement matériel est remis à sa juste place. **Elle a l'impression d'être au plus proche d'elle-même, de ne plus se "tromper". Cette fidélité lui donne une crédibilité qui lui ouvre les bonnes portes**. Elle s'inscrit dans le long terme tout en vivant profondément chaque instant avec confiance. Elle prend le temps de la maturité et de l'éveil aux qualités spirituelles. Elle permet aussi les "petites folies" de la vie qui respectent le fragile équilibre de l'humain avec toutes ses ambiguïtés et ses paradoxes. **Chez elle, humour et amour se font sans cesse des clins d'œil !** Cela vous fait-il envie ? Alors, osez vos "prises de chance", risquez le pari d'être un "bien-vivant" !

Après tout cela, quelle sera ta première décision pour mieux profiter de la vie ?

🕮 Des livres : repères bibliographiques

D'excellents ouvrages pour continuer à mieux utiliser l'argent et vous simplifier la vie :

- L'argent, monnaie de singe, monnaie de sage, Collectif, éditions Le Souffle d'Or.
- L'argent apprivoisé, Cameron et Bryan, éditions Dangles.
- Maître de l'argent, Annick Nenaird, éditions Le Souffle d'Or.
- Découvrir les vraies richesses, Pierre Pradervand, éditions Jouvence.
- La vie est à vous, S. S. Le Dalaï Lama et Fabien Ouaki, éditions Albin Michel.
- Dépensez tout, vivez heureux, Stephen M. Pollan, Cherche Midi éditions.
- L'art de ne pas travailler, Ernie Zelinski, éditions d'Organisation.
- Le guide éthique du consommateur, Albin Michel.

✉ Des adresses...

- Site des éditions Le Souffle d'Or : www.souffledor.fr
- 3615 ou 3623 CLEDOR, Editions Le Souffle d'Or, (tél. 04.92.65.10.61)
- L'Europe des Consciences, 3 rue Guillaumot, 75012 Paris.
- Vivre autrement, 3 bd James Fazy, CH 1201 Genève, Suisse.
- Transversales science/culture, lettre bimestrielle et articles de fond pour une citoyenneté ajustée (tél. 01.45.78.34.05).
- Coordination des S.E.L. (Systèmes d'Echanges Locaux) - www.selidaire.org
- N.E.F. : Association Nouvelle Economie Fraternelle, 144 bd du 11 novembre 1918, 69626 Villeurbanne cedex - www.lanef.com
- Artisans du Monde, Fédération, boutiques citoyennes, écologiques et éthiques. Boutique : tél. 01.45.57.82.44) Fédération : tél.01.43.72.37.37 - 3 rue Beauvier Paris 11e

EN... FIN : JE VOUS SOUHAITE DU BONHEUR !

L'entraîneur de vie vous a accompagné sur plusieurs "terrains de jeu" qui concernent votre quotidien car c'est dans ces espaces que vous pouvez le plus exercer votre libre-arbitre. Le quotidien-bonheur est à construire avec une attention joyeuse, même s'il nous plonge au cœur du réalisme et de l'incarnation. Par essence nous avons peur d'exister... mais un tel désir d'être bien-vivant ! Ce paradoxe nous ouvre la voie de notre liberté et ceci est un choix intime et décisif. L'accès au bonheur a toujours été au centre de toutes les préoccupations. Freud avait bien compris que "le malheur est bien moins difficile à vivre" que les sentiments élevés ou les attitudes constructives. Se laisser aller à la mélancolie serait effectivement la solution de moindre résistance. Le bonheur serait donc ici un état d'esprit exigeant. Aux États-Unis, la dépression unipolaire, caractérisée par un sentiment de lassitude chronique, a été multipliée par dix en cinquante ans et touche 18 millions d'Américains. Les substances psychotropes sont généralisées aux enfants. Les automobilistes sont qualifiés de "fous furieux" tellement les comportements en voiture se dégradent (signe concret du mal-être collectif) et les gens riches vivent, selon l'enquête du psychologue Edward Diener, aussi malheureux que les autres classes sociales ! Or, aussi paradoxal que cela puisse paraître, la grande majorité des individus se porte bien. Malgré le stress ambiant, nous sommes pour la plupart dans un état mental étonnamment bon. Nous n'avons jamais eu autant de possibilités d'ouvrir notre conscience et d'évoluer qu'aujourd'hui. Voyons cela en face et osons aller de l'avant... pour le bien de tous. En effet, autre paradoxe, le bonheur individuel n'est en rien égoïste. Les gens heureux ont davantage tendance à effectuer des tâches bénévoles, à donner aux œuvres caritatives et à apporter leur contribution à la communauté de multiples façons. Au fil de l'expérience et du temps, quelques clés du bonheur se dessinent.

Le Professeur Seligman (psychologie positive, université de Pennsylvanie) a vérifié sa théorie de l'"optimisme acquis" qui permet de relativiser ce que l'on va "souffrir". Pas d'idéalisme illusoire sur la vie, mais bien au contraire, c'est ici une invitation au réalisme en se préparant aux difficultés de l'existence. La maîtrise de soi (et non le contrôle de soi), comme l'a démontré le chercheur Roy Baumeister de l'université de Cleveland, est un indicateur bien plus efficace que le Q.I. pour évaluer les "résultats de l'existence". La gratitude et le pardon semblent être également des facteurs de bonheur. Les personnes reconnaissantes, sans rancœur, sont en meilleure santé et moins dépressives que la moyenne de la population. Les sentiments à cultiver qui s'avèrent les plus utiles pour notre existence semblent être la joie, la paix et l'état de compassion. Ces états ont une action directe sur l'amélioration de notre système immunitaire et de notre bien-être en général. En ce 21e siècle, nous pouvons faire le pari de dépasser la frontière du Prozac ou du freudisme qui ont largement sous-estimé nos capacités intérieures pour accéder à ce "quotidien bonheur" tout à fait légitime.

Décide... pour oser.
Ose faire ce que tu portes en toi,
ose être ce que tu es, ose vivre !
Sois à ta vraie place dans ce monde.
Sois en accord avec toi-même :
c'est certainement la clé qui ouvre la porte à la sensation de ton bonheur.
Une personne heureuse attirera et produira de bonnes choses...
C'est tout ce que je te souhaite en guise d'au-revoir !

Notre prochaine rencontre pour **une vie plus "excitendre"**, un guide consacré à **la clarté relationnelle** :

- Comment aller vers l'autre... mieux l'écouter, le comprendre.
- Comment oser dire "ce que j'ai à dire" simplement.
- Comment mieux rencontrer et vivre le plaisir d'être ensemble.
- Comment apprivoiser les émotions, les tensions, les jeux de pouvoir, les conflits et les violences relationnelles.
- Comment "décoder" les jeux non verbaux.
- Comment améliorer son aisance verbale, avoir de l'impact et incarner ses idées.
- Comment ouvrir la porte du plaisir, du respect et de la compassion.

Les enfants, le couple, la relation intime, la relation professionnelle, etc., des exemples concrets où chacun pourra se retrouver pour mieux se comprendre et accepter la différence.

"Voici un test simple pour savoir si votre mission sur terre est terminée : si vous êtes vivant, c'est qu'elle ne l'est pas."

Richard Bach

COLLECTION «entraîneur de vie»
Un chemin vers la maturité et l'éveil.
Une éthique de l'autonomie et du respect mutuel

Vous voulez approfondir vos connaissances et surtout vous entraîner concrètement à :

- mobiliser vos ressources corporelles et votre confiance ;
- élever votre niveau de vitalité et de santé ;
- gagner en clarté relationnelle ;
- passer vers un niveau de maturité en accédant à l'Être par le silence et la présence ;
- entrer dans un vrai projet de vie et vous sentir enfin à votre place.

Jacques Dechance anime des stages, des formations certifiantes et coaching individuel. Il intervient régulièrement en entreprise (coaching - management).

S'adresser aux éditions Le Souffle d'Or pour tout renseignement, dont les contacts des formateurs certifiés par J. Dechance :

Tél. **04.92.65.52.24**
et **contact@souffledor.fr**

Achevé d'imprimer
en septembre 2001
par IMPRIMERIE LIENHART
à Aubenas d'Ardèche

Dépôt légal septembre 2001

N° d'imprimeur : 3611

Printed in France